KB042167

★ ★ ★ ★ ★

파이썬 으로 시작하는
로봇 활용 SW 교육 햄스터

★ ★ ★ ★ ★

파이썬으로 시작하는

로봇 활용 SW 교육

햄스터

저자 **황준, 연승욱, 박광현**

파이썬으로 시작하는 로봇 활용
SW 교육 : 햄스터

Copyright ⓒ 2020 by Youngjin.com Inc.

1016, 10F. Worldmerdian Venture Center 2nd, 123, Gasan digital 2-ro, Geumcheon-gu, Seoul, Korea 08505

All rights reserved. No part of this book may be reproduced or transmitted in any form or by any means, electronic or mechanical, including photocopying, recording or by any information storage retrieval system, without permission from Youngjin.com Inc.

독자님의 의견을 받습니다.

이 책을 구입한 독자님은 영진닷컴의 가장 중요한 비평가이자 조언가입니다. 저희 책의 장점과 문제점이 무엇인지, 어떤 책이 출판되기를 바라는지, 책을 더욱 알차게 꾸밀 수 있는 아이디어가 있으면 팩스나 이메일, 또는 우편으로 연락 주시기 바랍니다. 의견을 주실 때에는 책 제목 및 독자님의 성함과 연락처(전화번호나 이메일)를 꼭 남겨 주시기 바랍니다. 독자님의 의견에 대해 바로 답변을 드리고, 또 독자님의 의견을 다음 책에 충분히 반영하도록 늘 노력하겠습니다.

ISBN : 978-89-314-6187-9

등 록 : 2007. 4. 27. 제16-4189호

이메일 : support@youngjin.com

주 소 : (우)08507 서울특별시 금천구 가산디지털1로 128 STX-V타워 4층 401호 (주)영진닷컴 기획1팀

파본이나 잘못된 도서는 구입하신 곳에서 교환해 드립니다.

STAFF

저자 황준, 연승욱, 박광현 | **총괄** 김태경 | **진행** 정소현, 김민경 | **표지디자인** 박지은 | **내지디자인** 고은애
영업 박준용, 임용수, 김도현 | **마케팅** 이승희, 김근주, 조민영, 김예진, 이은정 | **제작** 황장협 | **인쇄** JM

머리말

우리는 수많은 컴퓨터가 다양한 인터넷으로 연결되어 있고, 각종 스마트 기기와 센서들로 가득찬 기기들이 서로 소통하는 사물인터넷(IoT) 시대에 살고 있습니다. 또한 이들 스마트 기기들은 방대한 데이터에서 인공지능을 이용하여 우리가 꼭 필요한 정보를 가공 생산해 주는 정보들을 우리의 생활에서 편하게 보여주고 판단해 주기도 합니다.

이러한 시대를 살아가기 위해서는 고도의 기술력, 디자인 능력, 경영 능력 등도 필요하지만, 사회와 국가는 단연 창의적 능력을 갖춘 인재가 필요합니다. 특히 현대 사회는 기존의 학문 분야에 대한 깊은 지식을 원하는 것이 아니라, 여러 학문이 융합되어 새로운 학문 및 기술로 발전되어 가는 경향이 있습니다. 이러한 현대 사회에서는 새로운 미지의 분야에 대한 새로운 생각을 하고 이를 우리 생활과 인류 미래로 접목할 수 있는 창의적 사고에 대한 교육이 필요합니다.

이 책은 창의적 사고와 논리적 사고를 발전시키는데 도움이 되기를 바라는 마음에서 만들어졌습니다. 이 책은 컴퓨터를 잘 모르고, 프로그램을 처음 접하는 비전공자들도 이 책을 통하여 자신의 창의적인 생각을 논리적으로 정리하고, 이를 컴퓨터 프로그래밍을 통해 실현하는 과정을 설명합니다. 단순히 새로운 생각이나 기능들을 상상만으로 끝내는 것이 아니라, 그 생각을 구현하기 위해 파이썬과 피지컬 컴퓨팅의 기본 원리를 배웁니다. 이를 통해 여러분이 상상했던 창의적인 생각들의 많은 부분을 실현 가능할 수 있습니다.

1장에서는 창의적인 생각과 이를 실현 가능하도록 해 주는 소프트웨어의 개념에 대해 설명합니다. 우리 생활에서 소프트웨어가 왜 필요하고 소프트웨어가 무엇인지에 관해 설명합니다.

2장에서는 컴퓨터의 입장에서 데이터를 어떻게 표현하고 어떻게 처리할까에 대한 생각을 컴퓨터 없이 언플러그드 교육 방식으로 설명하고 있습니다. 이 교육을 통해 컴퓨터에 대한 두려움 없이 컴퓨터가 자료를 표현하고 처리하는 방식을 이해합니다.

3장에서는 파이썬 프로그래밍 언어에 대해 공부합니다. 파이썬은 대화형 프로그래밍 언어로써 간결하고 생산성이 높다는 특징을 가지고 있으며 간결하고 쉽다는 이유 때문에 널리 사용되고 있습니다. 이 장에서는 파이썬 언어를 사용하여 프로그래밍의 기초를 배웁니다. 파이썬 설치부터 시작하여 프로그래밍의 기본이 되는 변수, 숫자, 문자열, 연산자에 대해 배우고 제어 구조를 통해 조건과 반복을 처리하는 방법을 익힙니다. 타 언어에 비해서 파이썬의 강점인 리스트, 튜플, 딕셔너리 같은 자료 구조도 공부하고 함수의 개념을 익혀 파일을 어떻게 읽고, 쓰는지 배웁니다. 각 개념을 배울 때 다양한 실습 코딩을 통해 실제로 프로그램을 작성해서 코딩을 손에 익히도록 합니다.

4장에서는 미디어 아트, 생활 도구, 엔터테이먼트 등 피지컬 컴퓨팅의 다양한 사례를 살펴봄으로써 피지컬 컴퓨팅이 무엇인지 알아봅니다. 또한 파이썬 프로그래밍을 통한 피지컬 컴퓨팅 실습을 지원하는 햄스터 로봇을 소개하고, 실습에 필요한 소프트웨어를 설치하는 방법을 알아봅니다. 먼저 피지컬 컴퓨팅의 프로그램을 통해 햄스터 로봇을 이동하게 하거나 필요한 각도만큼 회전하도록 하는 방법을 알아봅니다. 단순한 주먹구구식의 코드 작성이 아니라 측정과 계산을 통해 코드를 작성함으로써 피지컬 컴퓨팅의 중요한 요소 중 하나인 "관찰"을 습관화하도록 합니다. 그리고 햄스터 로봇의 센서를 사용하여 조건에 따른 분기를 실습합니다. 근접 센서가 손을 감지할 때까지 앞으로 이동하는 명령을 반복함으로써 조건을 검사하는 코드를 작성해 봅니다. 심화 단계에서는 키보드 이벤트를 통해 햄스터 로봇의 조종기를 만들고 피아노 연주도 해봅니다. 가속도 센서를 사용하면 컴퓨터의 마우스처럼 사용할 수도 있습니다. 마지막으로 재미있는 보드 게임도 만들고, 선을 따라 주행하는 로봇도 만들어 봅니다.

마지막 5장에서는 이제까지 배운 파이썬 프로그래밍 언어와 햄스터 로봇의 각종 센서 및 액츄에이터를 이용해서 여러분이 상상하는 창의적인 사고를 현실세계에서 실현될 수 있도록 기획하고 구현하는 방법에 대해 배웁니다. 실제 프로젝트 기획안을 작성하고, 여러분이 팀을 이루어서 프로젝트를 실행하고 평가해 보는 과정을 설명하고 있습니다.

이 책은 소프트웨어 활동에 관심이 있는 고등학생, 대학교 1학년 교양 컴퓨터 및 소프트웨어 정도의 학생들을 대상으로 만들었습니다. 여러분의 창의적이고 논리적인 사고를 표현하는 도구로는 파이썬 언어를, 피지컬 컴퓨팅의 도구로는 햄스터 로봇을 사용했습니다. 파이썬 언어와 햄스터 로봇을 사용한 이유는 이들이 다른 언어나 도구보다 이해가 쉽고, 비교적 많은 교육 자료가 마련되어 있다는 이유 때문입니다.

이 책의 목표는 여러분들이 가지고 있는 창의적인 사고를 쉽게 실현시킬 수 있게 하는 것입니다. 이를 위해 파이썬 언어와 햄스터 로봇이 하나의 도구로 사용되었을 뿐입니다. 즉, 파이썬 언어와 햄스터 로봇은 목표 실현을 위한 하나의 도구의 예일 뿐이지 절대로 여러분의 배움의 목표가 될 수는 없습니다. 중요한 것은 여러분이 가지고 있는 창의적인 사고이고, 이를 어떻게 세상에 표현할 것인가에 큰 가치가 있음을 강조하고 싶습니다.

태릉골에서 대표저자 씀

저자 소개 및 예제 파일 다운로드

황 준 ▶▶▶▶ 2003~2006년 영상물 등급위원회 게임분과 위원이 였으며, 미국 조지아텍에서 연구교수를 역임했습니다. 1992년부터 현재까지 서울여자대학교 소프트웨어 융합학과 교수로 재직 중이며, 국가기술표준원 JCT21 국제표준회 전문위원을 역임했으며, 국가평생교육원 전문위원, 한국인터넷정보학회 부회장, 고문으로 활동하고 있습니다. 디지털 방송, 드론 소프트웨어에 대한 연구를 하고 있으며, 컴퓨터 고급 언어를 교육하고 있습니다.

연승욱 ▶▶▶▶ 2005년부터 2009년까지 Yahoo!에서 소프트웨어 엔지니어로서 프로그래밍을 했습니다. 2009년부터 2013년까지 SK커뮤니케이션즈에서 소프트웨어 아키텍쳐로 일했으며 2016년부터 서울여자대학교 정보보호학과 교수로 재직 중입니다. 데이터베이스 및 대규모 서버 프로그래밍 분야를 연구하고 있으며 다양한 프로그래밍 언어를 가르치고 있습니다.

박광현 ▶▶▶▶ 카이스트에서 전기 및 전자공학 박사를 취득하였고, 현재 광운대학교 로봇학부 교수로 재직 중입니다. 로봇 소프트웨어 교육원 원장으로 활동 중이며, 이 책에서 사용하는 햄스터 로봇의 파이썬 라이브러리를 개발하였습니다. 서비스 로봇을 연구하고 있으며 알고리즘과 머신러닝을 강의하고 있습니다.

챕터1, 챕터2의 연습 문제에 대한 정답 파일과 챕터 3, 챕터 4의 소스 코드및 실습판은 영진닷컴 홈페이지에서 "파이썬으로 시작하는 로봇 활용 SW 교육 : 햄스터"을 검색하면 내려받을 수 있습니다. 또한, http://hamster. school/youngjin 에서도 챕터 4의 실습판을 내려 받을 수 있습니다.

이 책의 목차

소프트웨어와 창의적 사고

4차 산업혁명과 소프트웨어의
역할에 대해 알아봅시다.

소프트웨어란 무엇이고, 이 소프트웨어가 세상을 어떻게 바꾸고 있을까요?

소프트웨어와 창의적 사고

페이스북, 트위터, 우버 택시에 대해 들어본 적이 있을 겁니다. 이 서비스들의 공통된 특징은 사람들을 즐겁게 또는 편리하게 만드는 작은 아이디어와 생활 속의 불편함을 해결하려는 마음이 모여 만들어 낸 결과물이라는 것입니다. 그렇다면 이런 서비스들이 요즘 활발하게 만들어지고 있는 이유는 무엇일까요? 과거에는 이런 마음을 가진 사람들이 적었던 것일까요? 그것은 아닙니다. 과거에는 머릿속에 있는 생각을 눈에 보이는 실체로 만들어 내기 위한 도구, 기술, 정보가 부족했고, 많은 사람들이 이용하는 서비스로 자리를 잡으려면 막대한 시간과 자금이 필요했습니다. 그래서 알려진 성공 사례가 많지 않은 것입니다. 반면, 지금은 번뜩이는 아이디어들을 적은 비용으로 이루거나 짧은 시간을 들여 성공하는 많은 사례를 접할 수 있습니다. 그 이유는 아이디어를 세상으로 끌어낼 수 있는 다양한 도구와 기술이 마련되었고, 과거와는 다른 사회적 분위기가 갖춰졌기 때문입니다. 그렇다면, 지금 우리가 살고 있는 세상에는 과거와 다른 어떤 패러다임이 존재하는지 알아봅시다.

새로운 패러다임

01 • 4차 산업혁명

전 세계의 많은 경제학자, 사업가, 그리고 정치가는 현재 세계가 큰 변화 속에 있다고 말합니다. 과거를 되짚어보면, 인류는 산업혁명의 과정을 겪어 왔습니다. 18세기 증기기관의 탄생과 방적기의 발명으로 생산설비의 기계화를 이룸으로써 노동생산성이 크게 향상되었습니다. 이것이 1차 산업혁명입니다. 19세기에는 컨베이어 시스템이 개발되고, 증기기관을 대신하는 전기 동력이 공장에 도입됨에 따라 대량생산이 가능해지면서 2차 산업혁명을 불러일으켰습니다. 20세기에는 컴퓨터의 개발 및 발전으로, IT와 로봇이 생산체계의 핵심요소가 되었습니다. 이것이 자동화 대량 생산을 기반으로 한 3차 산업혁명에 해당하며 최근까지 이어져 왔습니다. 이렇듯 산업혁명의 이면에는 기술의 발전과 변화에 대한 사회적 요구가 있었으며, 산업혁명을 통해 인류는 한 단계씩 발전하고, 그때마다 사회의 분위기 즉 패러다임의 변화가 뒤따랐습니다.

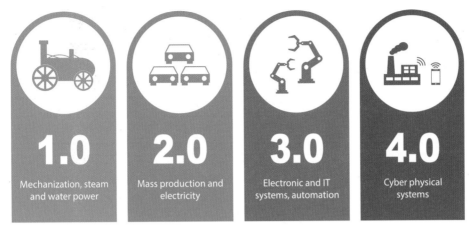

▲ 각 시기별 산업 혁명의 개념

그렇다면 다음 산업혁명, 즉 4차 산업혁명 혹은 인더스트리 4.0(Industry 4.0)은 어떤 새로운 기술을 기반으로 할까요? 또 어떤 사회적 요구가 있었을까요?

4차 산업혁명의 기반 기술에 대해서는 여러 견해가 존재하지만, 독일의 산업 전문가들은 사이버 물리 시스템(Cyber-Physical System) 기반의 유연하고 가벼운 생산체계를 통해 나타날 것이라고 주장합니다. 사이버 물리 시스템이란 물리적 현실 세계에 속한 사람과 센서 및 액추에이터(입력된 신호에 대응하여 작동하는 장치)를 인터넷 서비스, 인공지능 시스템, 각종 정보망이 존재하는 사이버 세계와 연결해 주는 매개체를 뜻합니다. 이 개념이 생산 현장에 적용되면 제품과 소재가 공장 내 기기들과 소통하며 스스로의 생산·가공 경로를 결정하고 이동하는 미래형 공장 구현이 가능할 것입니다. 사이버 물리 시스템을 주변에서 가장 쉽게 접할 수 있는 서비스는 스마트 홈이나 무인 자동차입니다. 사람이 목적지를 입력하면, 사이버 물리 시스템은 자동차에 부착된 카메라나 레이저 센서 등으로 수집한 정보와 네트워크를 통해 얻은 날씨, 교통량, 내비게이션 정보 등을 인공지능 시스템으로 전송합니다. 인공지능 시스템은 입력된 정보를 분석하여 경로를 결정한 후 이를 다시 물리적인 자동차 장치(구동장치, 조향장치 등)에 전달하여 자동차가 주행할 수 있도록 합니다. 이러한 일련의 시스템이 4차 산업혁명의 중요한 사례가 될 수 있습니다.

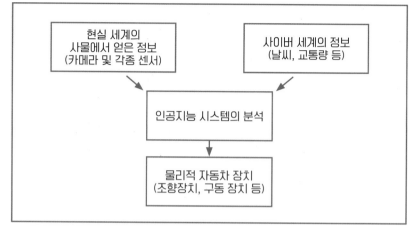

사이버 물리 시스템

```
현실 세계의
사물에서 얻은 정보
(카메라 및 각종 센서)          사이버 세계의 정보
                              (날씨, 교통량 등)

목적지 입력  →        인공지능 시스템의 분석

                     물리적 자동차 장치
                  (조향장치, 구동 장치 등)
```

▲ 사이버 물리 시스템의 구동 원리

▲ 무인 자동차의 사이버 물리 시스템 (출처 : http://www.google.com)

어떤 기술의 발전과 사회적 요구가 현재의 패러다임을 나타나게 했는지 살펴봅시다. 대표적인 사례는 요즘 뉴스나 인터넷을 뜨겁게 달구고 있는 사물인터넷(IoT)과 3D 프린팅, 빅데이터, 인공지능 등이 있습니다. 이 새로운 기술들은 소비자의 높은 기대에 따른 짧은 제품 주기, 대량 생산된 똑같은 형태의 제품보다는 나만의 독특한 제품을 원하는 소비자의 요구와 맞물려 산업 전반에 큰 변화를 가져오고 있습니다. 즉, 현재의 다품종 대량 생산체계처럼 변화에 둔감한 생산방식이 아닌 개인화된 제품의 생산과 신제품을 빠르게 내놓을 수 있는 유연한 생산체계로 바뀌고 있습니다. 또한 개방과 소통을 추구하는 요즘의 사회 분위기도 4차 산업혁명을 가속화시키고 있습니다. 3차 산업혁명의 결과물인 인터넷과 스마트폰의 광범위한 보급에 따라 소셜 네트워크와 같은 개방과 소통의 장이 열림으로써 각 기업은 고유의 역량만으로는 살아남을 수 없게 되었습니다. 대표적인 예로 애플과 구글

이 있습니다. 애플의 아이튠즈는 애플리케이션이라는 무형의 제품을 사고팔 수 있는 플랫폼을 구축했으며, 구글의 안드로이드 운영체제는 소스를 오픈함으로써 새로운 사업 생태계를 조성했습니다. 이렇듯 IT 업계에서는 새로운 생태계를 조성하여 여러 참여자를 유도한 후 시장 규모를 키워가고 있습니다. 이와 같은 패러다임은 이제 제조업 분야에서도 적용되고 있습니다. 이것이 이 시대의 새로운 패러다임, 4차 산업혁명의 시작을 알리는 변화입니다.

02 ◆ 메이커(maker) 시대

지금까지 과거 산업사회의 변화와 현재 일어나고 있는 변화에 대해 알아보았습니다. 4차 산업혁명은 3차 산업혁명을 기반으로 한 디지털 혁명입니다. IT 기술이 다양한 분야와 융합되면, 이전에는 없었던 새로운 것들이 창조될 수 있습니다. 성공한 젊은 사업가 중에는 기존 IT 기술에 본인의 창의적인 아이디어를 융합하여 새로운 것을 창조한 사람들이 많습니다. 이런 사람들의 공통적인 특징은 다양한 통로를 통해 개방과 소통을 중요시하고, 자율성과 다양성을 추구한다는 것입니다. 또한 나만의 아이디어를 구상하고 구체화하는 것에 주저하지 않습니다. 즉, 남이 만든 제품을 사용하는 유저(user)에서 벗어나 나만의 독창성 있는 제품을 생산하는 메이커(maker)가 되는 것입니다. 여기서 메이커를 다시 정의하자면, 머릿속에만 있던 아이디어(가상세계)를 개방하고, 공유할 수 있는 다양한 오픈 소스(소프트웨어), 오픈 플랫폼(하드웨어) 등을 통해 실체화(물리세계) 시키는 사람을 말합니다. 과거보다 아이디어를 현실화시키는 것이 더 쉬워진 이유는 다양한 오픈 소스와 오픈 플랫폼이 있기 때문입니다. 이를 통해 여러분의 머릿속에 있는 상상도 구체화 될 수 있습니다. 여러분은 유저로 남겠습니까? 아니면 메이커가 되겠습니까?

메이커가 되기 위한 첫 번째 단계는 창의적인 아이디어를 생각해내는 일입니다. 이 아이디어가 생활의 편리함이나 즐거움 또는 문제 해결을 위한 목적에서 비롯되었을 때, 여러분은 창의적인 아이디어를 가진 메이커가 될 수 있습니다.

Tip 이미 세계적으로 많은 메이커가 활발한 활동을 펼치고 있습니다. 이들은 서로의 아이디어를 공유하고, 자신의 제품 또는 작품을 소개하는 것을 즐기는데, 이들을 위해 열리는 세계적인 박람회가 바로 '메이커 페어(Maker Faire)'입니다. 2006년 미국 캘리포니아 산 마테오에서 시작된 메이커 페어는 현재 전 세계 각국에서 매년 150회 이상 개최되고 있습니다. 2012년부터는 한국에서도 '메이커 페어 : 코리아'를 개최하고 있습니다. 아래 사이트를 통해 메이커들의 다양한 제품과 작품을 경험해 보세요.

메이커 페어 : 코리아 http://makerfaire.com

앞서 언급한 무인 자동차를 생각해 봅시다. 주변 환경을 인식해서 정보로 만들어주는 각종 센서와 자동차를 작동하기 위한 기기들은 오픈 플랫폼에 해당됩니다. 그리고 카메라나 센서를 통해 얻은 정보와 네트워크로 연결하여 얻은 날씨 및 교통 정보들을 모아 자동차의 동작을 결정하고 판단하는 일을 하는 인공지능 체계는 소프트웨어에 해당됩니다. 이처럼 메이커들도 개인의 제품을 생산하는 데 있어서 오픈 소스와 오픈 플랫폼을 필요로 합니다.

현재 메이커들은 많은 종류의 오픈 플랫폼을 사용하고 있습니다. 재미있는 사실은 같은 종류의 플랫폼을 이용하더라도 만드는 사람에 따라 전혀 다른 제품이 만들어진다는 것입니다. 물론 아이디어가 서로 다르니 당연한 결과라고 할 수 있지만, 이처럼 각자의 아이디어를 서로 다르게 구현할 수 있도록 만들어 주는 것이 바로 소프트웨어입니다. 같은 하드웨어를 가졌더라도 그것을 움직이게 하는 소프트웨어가 다르다면, 전혀 다른 제품이 되는 것입니다. 소프트웨어는 메이커의 생각을 실현시켜주는 가장 강력한 도구입니다. 다음 장에서는 이런 소프트웨어가 우리의 생활 속에 얼마나 깊숙이들어와 있는지 알아보겠습니다.

세상 속 소프트웨어

01 ◆ 운영체제

소프트웨어는 현대인의 삶뿐만 아니라 산업 전반에 영향을 미치고 있습니다. 대다수의 기기는 하드웨어보다 이를 활용하는 소프트웨어의 기능과 수준에 따라 가치가 평가됩니다. 예를 들어 최첨단 현대 과학기술이 집약된 F-35 전투기는 전체 기능에서 소프트웨어가 차지하는 비중이 90%에 달하며, 독일의 세계적인 자동차 회사에는 자동차 엔지니어보다 소프트웨어 엔지니어가 더 많습니다. 이처럼 다양한 분야에서 소프트웨어의 역할이 점차 증대되고 있습니다.

우리나라에서는 '한국산업기술분류표'를 제정하여 기계/소재, 전기/전자, 정보통신, 화학, 바이오/의료, 에너지/자원, 지식서비스 분야로 세부 산업 기술을 분류하고 있습니다. 이번 장에서는 소프트웨어의 비중과 역할이 특히 높은 정보통신 분야를 중심으로 몇 가지 소프트웨어와 서비스를 소개하겠습니다.

컴퓨터를 켜면 가장 먼저 실행되는 소프트웨어인 운영체제는 사용자가 컴퓨터의 전반적인 동작을 관리할 수 있게 해줍니다. 개인용 컴퓨터(PC)에서 실행되는 운영체제로는 마이크로소프트사(Microsoft)의 윈도우(Windows)와 애플(Apple)의 맥(Mac) 운영체제가 대표적이며, 스마트폰을 위한 운영체제로는 안드로이드(Android)와 ios 등이 있습니다. 또한 디지털 TV를 시청하기 위해 설치하는 셋탑박스에도 전용 운영체제가 탑재되어 있습니다. 일반적인 운영체제의 기능은 다음과 같습니다.

- 중앙처리장치(CPU), 기억장치(RAM, ROM, 하드디스크) 등의 컴퓨터 자원을 효율적으로 관리하는 기능
- 파일, 응용 프로그램을 사용할 수 있도록 기반 환경을 제공하는 기능
- 키보드, 마우스, 모니터 등의 다양한 입출력 장치를 관리하는 기능
- 복수의 프로그램을 동시에 실행할 수 있도록 조절하고 관리하는 기능(다중 프로그래밍 지원)
- 일부 운영체제의 경우 마우스를 이용한 그래픽 사용자 인터페이스(GUI)를 제공하는 기능

▲ 윈도우 10과 맥 OS X의 실행 화면

한편 모바일 운영체제인 안드로이드의 경우 모든 소스 코드를 공개하여 누구나 자유롭게 기능을 확장하고 보완할 수 있도록 허용하는 개방형 운영체제이고, 애플의 ios는 소스 코드를 공개하지 않는 폐쇄형 운영체제 정책을 적용하고 있습니다.

▲ 안드로이드와 iOS의 초기 화면

02 ⬥ 빅데이터(Big Data)

빅데이터는 기존의 데이터 분석량을 넘어선 방대한 분량의 데이터입니다. 인터넷의 발달과 디지털 기기의 보급으로 데이터 규모뿐만 아니라 데이터들의 종류와 속성도 매우 다양해지고, 매우 빠른 속도로 생성되고 있습니다. 예를 들어 사용자가 직접 제작하는 동영상이나 SNS를 통한 다양한 데이터 증가를 들 수 있습니다. 이러한 빅데이터를 필요한 목적에 맞게 가공하고 분석하여 원하는 결과를 얻거나 결과를 예측하는데 소프트웨어 분석 기술이 사용되고 있고 대표적인 빅데이터 처리 기술은 구글의 Map reduce(맵리듀스)와 아파치에서 발표한 Hadoop(하둡)이 있습니다.

03 ⬥ 인공지능(Artificial Intelligence : A.I)

2016년 이세돌과 알파고(AlphaGo)의 대국을 통해 더욱 많이 알려진 인공지능은 스스로 생각하고 학습할 수 있으며, 자기계발을 할 수 있는 능력을 갖춘 시스템을 말합니다. 인공지능은 자동으로 복잡한 문제를 해결하도록 인간의 생각과 인지 프로세스의 흉내를 내기 위해 컴퓨터 코드를 이용합니다. 프로그래밍한 방대한 프로그램들로 이루어져 있고 해당 프로그램들은 독립 실행형 소프트웨어, 의사 결정 지원 소프트웨어 등으로 분류됩니다. 이제는 우리 일상에서 흔히 볼 수 있는 음성인식 기능인 AI 스피커, 페이스북의 얼굴 인식 기능, 안드로이드(Android)와 애플(Siri)의 지능형 가상비서 등이 인공지능의 적용 사례입니다.

04 ⬥ 드론(Drone)

하늘을 나는 드론도 소프트웨어 기술이 적용됩니다. 드론에 사람이 직접 타지 않는 이상 하늘의 상태는 드론만이 알 수밖에 없습니다. 사람이 드론을 직접 보고 라디오 전파로 조종하기엔 한계가 있고, 사람의 명령과 드론에 적재되어 있는 센서를 통해 감지하는 환경 변화와 이를 사이에서 판단하

는 컴퓨터가 필요로 합니다. 이렇게 드론에 적재된 컴퓨터를 FC(Flight Controller)라고 하고, 이 FC를 제어할 수 있는 O/S 및 소프트웨어가 필요로 합니다. 이를 위해서 미국 드론 운용체제(OS) 업체 에어웨어(Airware)와 중국 드론 제작 업체 DJI(팬텀3 제조사)가 공동 개발을 하고 있고 오픈 소스 (open source)의 형태로 여러 개발자가 참여하는 있는 드론 코드(https://www.dronecode.org) 프로젝트가 있습니다.

05 · 클라우드 스토리지 서비스

클라우드 컴퓨팅(Cloud computing)은 인터넷을 통해 서버, 저장소, 데이터베이스, 네트워킹, 소프트 웨어 등의 다양한 컴퓨팅 서비스를 자신의 컴퓨터가 아닌 인터넷에 연결된 다른 컴퓨터로 사용자에 게 제공하는 컴퓨터 환경을 의미합니다. 그중에서 클라우드 스토리지 서비스는 인터넷상 별도의 저 장 공간을 제공하여, 파일을 USB 등의 이동식 저장장치에 담아 언제 어디서나 인터넷에 접속해서 사용할 수 있다는 장점이 있습니다. 하지만 네트워크 성능에 따라 서비스의 질이 결정되는 안정성의 문제와 보안성에 취약할 수 있다는 단점이 있습니다. 구글, 애플, 마이크로소프트, 네이버, SK 텔레 콤 등 국내외 대기업뿐만 아니라 여러 신생 기업들도 유무료의 클라우드 스토리지 서비스를 제공하 고 있습니다.

▲ 서비스되고 있는 다양한 무료 클라우드 스토리지

06 · RFID 기술과 IoT 서비스

RFID 기술은 무선 주파수(RF : Radio Frequency)를 이용하여 사물에 부착된 태그를 인식하는 것 입니다. 휴대전화에 내장된 기능 중의 하나인 NFC(Near Field Communication) 기술도 RFID의 한 종류입니다. 우리 주위에서 IoT(Internet of Things)라고 불리는 사물인터넷 서비스 중에도 RFID 기술이 적용되는 경우가 많습니다. 실제 우리 생활에서 RFID가 적용되는 부분은 다음과 같이 많습 니다.

- 고속도로의 하이패스

- 버스 출발 및 도착 자동 안내 서비스

- 스마트 옷걸이(스마트 행거)를 이용한 소비자 선호도 파악 및 재고 관리

- 통학버스 승하차 안전 확인 서비스

- 무인 도서관

- 놀이공원의 미아 방지 서비스

- 개인별 쓰레기 종량제 과금 서비스

▲ RFID 태그와 이 기술을 활용한 음식물 쓰레기 종량제 관리 시스템

IoT 기술은 각종 사물에 센서와 통신 기능을 내장하여 인터넷에 연결하는 기술로 여러 통신회사가 집안의 가전제품이나 가스 그리고 조명등을 제어하는 하드웨어와 스마트폰 앱을 개발했습니다. IoT 기술을 잘 활용하고 있는 도시 중 하나인 바르셀로나는 센서와 와이파이(하드웨어), 스마트폰의 앱(소프트웨어) 등을 통해 주차 정보를 제공하는 스마트 주차 시스템을 운영하고 있습니다. 이 주차 시스템을 도입함으로써 주차 공간을 찾기 위해 불필요하게 이동하면서 발생하는 교통체증, 연료 낭비, 매연 등을 줄이는 성과를 내고 있습니다. 바르셀로나의 스마트 주차 시스템에 활용되는 스마트 가로등은 와이파이(Wi-Fi) 무선 라우터를 탑재하여 주차 시스템뿐만 아니라 소음, 대기 오염도, 인구 밀집도, 자동 조명 밝기 조정 등의 정보 수집 기능을 수행합니다. 또한 쓰레기가 가득 차면 쓰레기통에 부착된 센서를 통해 쓰레기 수거 관제센터에서 감지하여 바로 수거할 수 있도록 하는 스마트 쓰레기통도 운영하고 있습니다.

이와 같이 하드웨어와 소프트웨어를 결합한 IoT 서비스는 다양한 생활 속의 문제를 해결함으로써 도시의 에너지 절감과 비용 절감 효과를 가져올 수 있습니다.

▲ 바르셀로나의 스마트 주차 시스템, 스마트 쓰레기통, 스마트 가로등 (출처 : http://smartcity.bcn.cat/en, http://eldigital.barcelona.cat/)

07 ◆ 가상현실/증강현실 서비스

가상현실이란 소프트웨어 기술을 활용하여 실제로 존재하지 않는 가상의 공간을 만드는 기술이고, 증강현실이란 현실 세계의 사물이나 배경에 부가적인 정보를 합성하여 보여주는 기술입니다. 이 두 기술은 실시간 렌더링(rendering)[1] 소프트웨어 지원이 필요합니다. 특히 증강현실 서비스는 실존하는 현실 세계에 부가정보를 표현하여 직관적이고 동적인 정보를 제공함으로써 공간적인 제약을 넘어서는 창의적인 표현이 가능합니다. 현재 다양한 분야에서 마이크로소프트의 홀로렌즈(Hololens), 인텔의 반트(Vaunt)라는 스마트 안경 형태의 제품으로 기술이 적용되고 있습니다.

▲ 증강현실 서비스의 예 (출처 : https://www.magicleap.com)

08 ◆ 지능형 로봇

로봇청소기와 같이 일상생활에서 삶의 질을 높여 주는 로봇을 지능형 로봇이라고 합니다. 지능형 로봇은 인간을 대신해서 일상적이고 반복적인 작업을 수행하는데, 특히 외모가 인간처럼 생긴 로봇을 휴머노이드(Humanoid)라고 합니다.

일본의 아시모는 전 세계에서 가상 뛰어난 휴머노이드 로봇으로 인정받고 있습니다. 인간에 가장 근접한 움직임을 보이는 이 로봇은 두 발로 달릴 수 있고, 점프도 가능합니다. 이처럼 인간의 움직임을 흉내내기 위해서는 무엇보다 움직임을 통제하는 소프트웨어의 기능이 매우 중요합니다. 우리나라의 휴머노이드 로봇인 휴보는 2015년 재난 상황에 투입되어 지정된 미션을 수행하는 세계재난대응

---

1. 광원·위치·색상 등 외부 정보를 활용, 2차원 화상에 사실감을 불어넣어 3차원 화상으로 만드는 과정을 뜻하는 컴퓨터그래픽스 용어

로봇경진대회(DRC)에서 우승할 정도로 많은 발전을 이루었습니다.

휴머노이드 로봇의 최종 목표는 인간의 감정을 갖는 것입니다. 아마 우리는 머지않아 로봇 친구와 희로애락을 함께하는 날이 올 것 같습니다.

▲ 한국의 휴보(왼쪽)와 일본의 아시모(오른쪽) (출처 : http://hubolab.kaist.ac.kr, http://asimo.honda.com/)

생활 속 소프트웨어

01 ◆ 소프트웨어와 함께하는 하루

현대인은 일상생활 속에서 알게 모르게 소프트웨어에 의지하고 있습니다. 다음은 주하의 하루입니다. 한번 살펴볼까요?

오전 8시, 스마트폰 알람 소리를 듣고 자리에서 일어났다. 아침을 먹으러 주방에 가니 냉장고 LCD 디스플레이에 달걀과 식빵이 있다는 메시지가 뜬다. 가볍게 프렌치토스트를 만들어 먹고 집을 나섰다. 스마트폰으로 타야 하는 버스의 위치를 검색하니 아직 10분이나 기다려야 한다. 스마트폰으로 단골 커피숍에 아메리카노를 주문하고 버스 정류장 가는 길에 커피를 받았다. 학교에 가서 학생증으로 출석 체크를 하고 수업을 들었다. 오늘은 별다른 약속이 없어 수업을 마친 후 곧장 집에 왔다. 저녁을 먹고 IPTV로 즐겨보는 드라마의 지난 회를 찾아 봤다. 한참 보는 중에 이메일을 보냈다는 친구의 문자가 와서 드라마를 잠시 멈춘 후 텔레비전 메뉴에서 브라우저를 선택해 메일 확인을 했다. 답장까지 보낸 후 다시 드라마를 선택해서 끝까지 봤다. 이제는 잘 시간이다. 스마트 홈 시스템으로 내가 좋아하는 음악을 틀고, 10분 후 조명이 꺼지도록 설정해 놓은 후 잠자리에 들었다.

주하는 하루 동안 많은 소프트웨어의 도움을 받았습니다. 어떤 소프트웨어를 사용했는지 눈치챘나요? 스마트폰으로는 알람 프로그램과 버스 위치 확인 프로그램, 커피숍 주문 프로그램을 사용했고, 냉장고에 탑재된 프로그램, 학교 출석 관리 프로그램, 셋탑박스 프로그램도 사용했습니다. 그리고 마지막으로 스마트 홈 프로그램도 사용했습니다. 우리 역시 주하 못지않게 많은 소프트웨어의 도움을 받아 편리한 생활을 누리고 있습니다. 이렇듯 알게 모르게 우리 생활 깊숙이 들어와 있는 소프트웨어가 어떤 분야와 융합되어 사용되고 있는지 살펴봅시다.

- 스마트폰 애플리케이션
  - 메시지, SNS
  - 인터넷 서비스
  - 예약 시스템(공연, 교통수단, 숙박, 식·음료 등)
  - 엔터테인먼트(게임, TV 셋탑박스, 영화 등)
  - 교통 정보 시스템(실시간 도로/버스 정보 시스템)
- 스마트 홈 네트워크
- 방송 시스템(셋탑박스)
- 금융 시스템
- 보안 시스템(컴퓨터 백신 프로그램, 경비 시스템)
- 학교 시스템(수강 신청, 학적 정보, 가상 강의)
- 국가 행정 관련 시스템
- 의료 시스템
- 공장 자동화 시스템
- 각종 제어 시스템
- 각종 전자기기(냉장고, 세탁기, 밥솥, 전자레인지 등)

02 • 소프트웨어와 미래

소프트웨어는 생활 영역뿐만 아니라 복지, 공익 등의 사회 문제와 융합하여 해결책을 제시하고, 미술이나 음악 등의 예술 영역과도 접목되고 있습니다. 그 결과, 이전에는 경험하지 못했던 새로운 결과물을 만들어 내며 소프트웨어의 중요성이 부각되고 있습니다. 이제 소프트웨어는 우리 생활 속에서 없어서는 안 될 유용한 도구이자 우리가 꿈꾸는 미래를 가능하게 해 줄 소중한 자산이기도 합니다. 영화 '마이너리티 리포트'에는 주인공의 눈앞에 컴퓨터 화면이 펼쳐지는 장면이 나옵니다. 그리고 '월–E'라는 애니메이션에서는 황폐해진 지구를 청소하는 로봇 월–E와 지구탐사로봇 이브가 등장합니다. 지구를 떠난 사람들이 살아가는 우주 행성의 첨단 도시의 모습도 살펴볼 수 있습니다. 지금도 끊임없이 발전하고 있는 하드웨어와 소프트웨어가 함께한다면 머지않아 이런 영화와 같은 일들이 현실이 될 것입니다.

▲ '마이너리티 리포트'와 '월-E'의 주요 장면

4차 산업혁명이 시작되고 새로운 패러다임으로 전환되어가는 이 시대에 우리는 과연 무엇을 해야 할까요? 미국, 영국을 비롯한 세계 여러 국가들은 소프트웨어 산업의 중요성을 인식하고, 새로운 미래를 맞이할 준비를 하고 있습니다. 그 중 하나가 바로 소프트웨어 교육입니다.

소프트웨어 교육을 통해 우리는 단순한 유저에서 메이커로 성장할 수 있습니다. 또한 우리의 생각을 자유롭게 세상에 표출할 수 있고, 세상을 변화시킬 수 있는 더 많은 아이디어를 얻을 수 있습니다.

소프트웨어 이야기

01 ✦ 소프트웨어의 정의

앞서 우리는 소프트웨어가 바꾸는 세상의 흐름을 확인하고, 소프트웨어가 우리 삶에 얼마나 밀접하게 닿아 있는지 살펴봤습니다. 그리고 이 시점에서 우리가 왜 소프트웨어 교육을 받아야 하는지에 대해서도 생각해 봤습니다. 이번에는 소프트웨어가 무엇인지에 대해서 알아보겠습니다.

소프트웨어를 정의하는 방법에는 여러 가지가 있지만, 그 중에서 가장 이해하기 쉬운 예는 사람입니다. 예를 들어 하드웨어는 사람의 몸에 비유할 수 있습니다. 눈, 코, 입, 귀, 피부는 입력 장치이고, 뼈와 근육은 출력 장치입니다. 즉, 만질 수 있고 볼 수 있는 것은 하드웨어입니다. 반면 소프트웨어는 눈에 보이지 않는 뇌라고 할 수 있습니다. 물론 엄밀히 말하자면 머릿속에 있는 실체인 뇌도 하드웨어에 포함된다고 할 수 있지만, 뇌를 통해 인지, 사고, 판단, 명령 등 눈에 보이지 않는 일들이 일어난다는 의미에서 소프트웨어라고 할 수 있습니다.

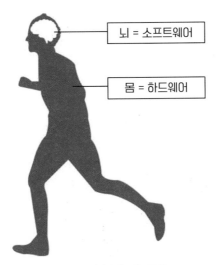

뇌 = 소프트웨어

몸 = 하드웨어

▲ 소프트웨어와 하드웨어의 예

하드웨어와 소프트웨어가 어떻게 협력해서 일하는지 예를 들어보겠습니다. 길을 가고 있는데, 갑자기 커다란 트럭이 나를 향해 달려오며 경적을 울립니다. 깜짝 놀란 나는 위험한 상황임을 인지하고 황급히 몸을 피합니다. 이 상황에서 하드웨어와 소프트웨어는 어떻게 동작했을까요?

눈(하드웨어)으로 트럭이 오는 것을 보고, 귀(하드웨어)로 경적을 듣습니다. 트럭의 모습과 경적은 센서(하드웨어)에 의해 얻어진 단순한 정보입니다. 이 정보들이 뇌(소프트웨어)로 들어가지 않는 한 아무런 가치도 없습니다. 그런데 이 정보들이 뇌에 들어가면 위험한 상황임을 판단하고, 근육(하드웨어)에 피하는 동작을 취할 것을 명령하게 됩니다. 이것이 뇌(소프트웨어)의 역할입니다. 근육(하드웨어)은 뇌(소프트웨어)의 명령을 받아 이행함으로써 다칠 위험이 없는 안전한 곳으로 피할 수 있습니다. 이렇듯 소프트웨어는 하드웨어를 통해 얻은 정보를 취하여 사고 또는 판단을 하고, 다시 하드웨어에 명령 및 조작을 함으로써 사용자가 원하는 것을 얻을 수 있게 해 줍니다.

정리하자면, 소프트웨어는 '환경 변화나 (센서, 키보드, 마우스, 마이크 등 다양한 입력 장치를 통한) 사용자의 입력에 의해 미리 정해진 절차에 따라 업무를 처리하여 사용자가 원하는 결과를 낼 수 있는 무형의 것'이라고 정의할 수 있습니다.

02 • 프로그램의 정의

컴퓨터 과학에서는 소프트웨어를 프로그램(program)이라고 합니다. 프로그램은 인간이 컴퓨터(하드웨어)에게 컴퓨터가 이해할 수 있는 언어로 어떤 작업을 수행하도록 명령하는 명령어들의 집합입니다. 다른 사람에게 일을 시킬 때에는 그 사람이 잘 인지할 수 있도록 자세하고 정확하게 명령해야 하는 것처럼 프로그램 또한 자세하고 논리적으로 정확해야 합니다. 이런 프로그램을 만드는 작업을

'프로그래밍(programming)'이라고 합니다. 그리고 앞에서 언급한 컴퓨터가 이해할 수 있는 언어, 즉 컴퓨터에게 명령을 할 때 사용하는 언어를 프로그래밍 언어라고 합니다. 한국 사람에게는 한국어로, 중국 사람에게는 중국어로 말해야 상대방이 알아들을 수 있는 것처럼 컴퓨터에게 명령을 할 때는 컴퓨터가 이해할 수 있는 언어를 사용해야 합니다.

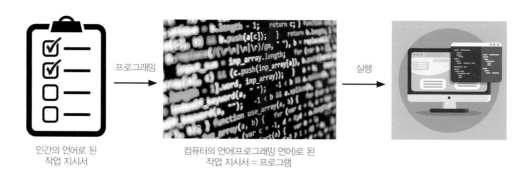

인간의 언어로 된
작업 지시서

프로그래밍

컴퓨터의 언어(프로그래밍 언어)로 된
작업 지시서 = 프로그램

실행

03 ◆ 소프트웨어 제작 과정

마지막으로 소프트웨어가 만들어지는 과정에 대해서 알아보겠습니다. 이해하기 쉽게 집을 짓는 과정을 예로 들어보겠습니다.

자녀들이 성장하면서 집이 작다는 문제를 인지한 의뢰인은 이 문제를 해결할 수 있는 건축사를 찾아가 요구사항(예산, 자재, 가족 수, 방 개수 및 위치 등)을 이야기합니다. 건축사는 요구사항에 맞춰 집을 설계하고, 필요한 자원(인부, 각종 자재)을 사용하여 설계도에 맞춰 집을 짓습니다. 집을 다 지은 후 건축가는 의뢰인의 요구사항을 잘 충족시켰는지, 설계도에 맞게 지어졌는지 확인합니다. 의뢰인이 입주하여 살면서 예기치 못한 문제점을 발견했을 경우에는 건축가에게 다시 유지보수를 요청합니다.

소프트웨어도 이와 같은 절차로 만들어집니다. 어떤 문제를 인지한 후 그 문제를 해결하기 위한 요구사항을 정의합니다. 요구사항에는 입력과 출력이 무엇인지, 어떤 타이밍에 작동하게 할 것인지, 하드웨어의 성능은 무엇인지 등의 내용이 포함됩니다. 다음에는 요구사항을 만족할 수 있도록 설계서를 작성합니다. 설계서에는 어떤 모듈을 만들 것인지, 어떤 순서로 일을 할 것인지, 어떤 방법으로 일을 할 것인지에 대한 내용을 포함합니다. 그 후에는 설계서에 따라 컴퓨터의 언어로 프로그래밍을 합니다. 프로그래밍이 끝나면 설계서대로 사용자의 요구를 충분히 반영하였는지에 대한 테스트를 진행합니다. 테스트까지 모두 통과하면 비로소 사용자가 사용하게 되고, 집과 마찬가지로 오작동에 대한 부분은 반복적으로 유지/보수를 하게 됩니다.

기계는 인간처럼 직관적으로 판단하고 사고할 수 없기 때문에 정확하고 논리적으로 명령을 내려야 합니다. 우리가 컴퓨터에 적절한 명령을 내리려면 컴퓨터의 언어로 컴퓨터처럼 사고해야 할 필요가 있습니다. 이런 방식으로 생각하는 능력을 '컴퓨팅 사고력(Computational Thinking)'이라고 합니다. 컴퓨팅 사고력이란 컴퓨팅의 기본 개념과 원리를 기반으로 문제를 효율적으로 해결할 수 있는 사고 능력을 말합니다.

그렇다면 컴퓨팅 사고력은 일반적인 사고력과 무엇이 다를까요? 대부분의 사람은 같은 일을 반복하는 것을 지루해하기 때문에 단순작업은 기계에게 맡기고 좀 더 고차원적인 활동을 추구합니다. 즉, 사람은 어떤 문제에 당면했을 때 그것을 해결하는 방법을 찾아내지만, 그 이후부터는 같은 문제가 생겼을 경우에는 컴퓨터나 기계가 미리 찾아놓은 방법에 따라 자동으로 해결해 주기를 원합니다. 따라서 우리 주변의 많은 문제가 자동화되어 처리되고 있으며, 미래 사회에서는 그런 경향이 더욱 심화될 것입니다.

즉, 컴퓨터가 문제를 해결하는 방식을 이해하고, 이를 현실 문제 해결에 적용하는 것이 컴퓨팅 사고력입니다. (컴퓨팅 사고력에 대해 본격적으로 설명하는 것은 지면 관계상 불가능하고, 본 책의 집필 의도에도 벗어나기 때문에 이 정도만 언급하겠습니다.)

지금까지 4차 산업혁명이 초래한 새로운 패러다임과 우리 생활 깊숙이 파고든 소프트웨어 이야기, 그리고 아직은 낯설고 어려운 프로그래밍의 개념 등에 대해 알아보았습니다. 많은 주제를 살펴보았지만, 가장 중요한 것은 우리가 소프트웨어를 배워야 하는 필요성을 느끼는 것입니다. 1장을 통해 소프트웨어를 공부하고 싶다는 의지가 생겼다면, 여러분은 준비가 되셨으니 다음 장으로 넘어갈 수 있습니다. 2장에서는 언플러그드 교육을 통해 컴퓨터 과학의 기초 이론을 학습하고 논리적인 사고를 기를 수 있습니다. 3장에서는 객체지향 프로그래밍 언어인 파이썬 언어를 활용하여 소프트웨어를 직접 만들어 볼 수 있습니다. 이를 통해 여러분의 창의적인 아이디어를 직접 실현해 볼 수 있게 되기를 바랍니다. 4장에서는 앞에서 배운 내용을 기반으로 피지컬 컴퓨팅을 소개하는 장으로, 여러분의 아이디어를 햄스터 로봇(하드웨어)과 이를 제어하는 소프트웨어로 실제화시킬 수 있습니다. 햄스터 로봇을 파이썬 언어로 제어하는 방법을 배우고, 로봇 제어를 통해 특정한 목적을 위해 행동하는 소프트웨어를 만드는 방법을 공부합니다. 마지막으로 5장에서는 프로젝트 활동을 통해 앞서 배운 모든 내용을 활용하여 우리가 상상한 것을 설계하고 실현해 보겠습니다.

본 책은 다음 그림과 같이 언플러그드 교육을 통해 컴퓨터처럼 생각하는 논리적인 사고를 배우고, 우리가 생각한 논리적인 사고를 컴퓨터에 명령을 내리는 프로그래밍의 원리를 파이썬 언어를 통해 배웁니다. 또한 소프트웨어를 통해 우리가 사는 현실에서 센서 등을 통해 정보를 모으고, 논리적인 명령을 통해 정보를 가공해서 어떠한 물리적인 행위를 취할 수 있는 피지컬 컴퓨팅에 대해 공부합니다. 그리고, 최종적으로는 팀 프로젝트를 통해 팀원 간의 창의적인 기획을 통해 세상이 필요로 하는 기획물을 기획하고, 이를 팀원 간의 협력을 통해 구현해 나아가는 과정을 공부하는 것을 목표로 하고 있습니다.

▲ 본 책의 목표

 연습 문제 ···

01 작은 아이디어로 큰 성공을 거둔 실제 사례들을 찾아봅시다.

02 3차 산업 사회가 요구했던 인재상과 4차 산업 사회가 요구하는 인재상의 차이점을 생각해 봅시다.

03 현재 우리가 사용하고 있는 소프트웨어의 이름을 5개 이상 찾아봅시다.

04 지금까지 공부한 내용을 바탕으로 소프트웨어의 정의를 나름대로 정리해 봅시다.

언플러그드 교육

컴퓨터의 역할에 대해 알아봅시다.
컴퓨터는 어떻게 정보를 인식하고 저장할까요?
그리고, 컴퓨터는 어떤 방법으로 원하는 정보를 찾을까요?

언플러그드 교육

언플러그드 교육이란 직접적으로 컴퓨터를 사용하지 않는 소프트웨어 교육 활동입니다.

사실 컴퓨터 소프트웨어를 이해하기 위해서 반드시 컴퓨터가 필요한 것은 아닙니다. 컴퓨터 프로그래밍이란 컴퓨터를 통해 자신의 생각을 표현하는 절차입니다. 그러므로, 프로그래밍에 앞서 자신의 생각을 컴퓨터가 이해할 수 있는 형식으로 표현하는 논리적 틀을 만드는 것이 중요합니다. 이렇게 컴퓨터처럼 생각하는 방법을 배우는 방법 중 하나가 언플러그드 교육입니다. 언플러그드 교육은 종이와 연필, 주변에서 볼 수 있는 사물을 가지고 손과 몸으로 활동하며 배울 수 있습니다. 즉, 컴퓨터 프로그램을 사용하지 않고 배울 수 있는 소프트웨어 교육 활동입니다.

앞으로 소개하는 활동들은 2진수, 함수와 그래프, 문제의 패턴화 및 정렬 등 수학을 기반으로 합니다. 이를 언플러그드 활동들을 통해 컴퓨터가 어떻게 작동되는지에 대한 지식을 습득하고 이를 이해할 것입니다. 또한 각 활동에 적용하는 활동들로 의사소통, 문제 해결, 창의력, 컴퓨팅 사고력을 배울 수 있습니다.

컴퓨터가 정보를 인식하고 저장하는 방법

01 · (활동) 점의 수 세기

컴퓨터라는 용어는 라틴어 computare에서 유래한 것으로, 계산하거나 모두 더한다는 의미가 있습니다. 하지만 현재의 컴퓨터는 그 의미를 훨씬 뛰어넘습니다. 컴퓨터는 도서관이 될 수도 있고, 글쓰기를 도와주기도 하고, 유용한 정보를 찾아주기도 하며, 음악을 틀어주거나 영화를 보여주기도 합니다. 그렇다면 컴퓨터는 어떻게 이 많은 정보를 저장할까요? 놀랍게도 2개의 숫자 0과 1만을 이용하여 정보를 저장합니다. 이제부터 컴퓨터가 숫자를 어떻게 표현하는지 이해하기 위하여 '점의 수 세기' 놀이를 해 봅시다.

Activity ★★★ 준비물 : 필기도구

– 아래와 같이 한쪽 면에만 점이 찍혀있는 5개의 카드를 다음과 같은 차례로 정렬해 보세요.

– 오른쪽에서 왼쪽으로 정렬된 카드에 표시된 점의 개수들에서 어떤 법칙을 알 수 있나요?

– 맨 왼쪽에 하나의 카드를 새로 놓는다면 이 카드에 표시된 점의 개수는 몇 개가 되어야 할까요?

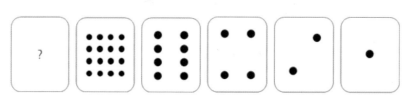

– 카드 중 일부를 뒤집어 놓고 보이는 카드의 점 개수만 더해서 숫자를 만들 수 있습니다. 6개의
  점이 되기 위해서는 어떤 카드가 보여야 하나요?

– 15개의 점이 되기 위해서는 어떤 카드가 보여야 하나요?

– 21개의 점이 되기 위해서는 어떤 카드가 보여야 하나요?

– 여기에서 어떤 법칙을 알 수 있을까요?

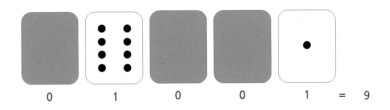

MEMO

- 숫자 255를 만들려면 몇 장의 카드가 필요할까요?
- 카드의 개수와 카드로 만들 수 있는 최대 숫자에는 어떤 관계가 있을까요?
- 숫자 카드 4장으로 만들 수 있는 숫자를 모두 표시해 보세요.

02 ✦ 컴퓨터가 사용하는 언어, 바이너리(Binary)

초기의 컴퓨터는 전기가 통하느냐(숫자 1), 통하지 않느냐(숫자 0)라는 두 개의 상태 값을 이용하여 빠른 계산을 할 수 있도록 만들어졌습니다. 최초의 컴퓨터는 손으로 직접 배선을 꽂았다 뺐다 하면서 계산을 했기 때문에 많은 공간과 복잡한 설계가 필요로 했고, 이를 동작시키기 위한 사람도 필요했습니다. 다음 사진은 최초의 디지털 컴퓨터로 알려진 에니악(ENIAC)의 사용 모습입니다. 이 사진만 봐도 당시의 컴퓨터가 얼마나 컸는지 짐작할 수 있습니다.

두 개의 상태 값을 이용한 컴퓨터의 계산 방식을 '이진법(Binary)'이라고 하며, 이러한 방식을 판단에 적용하여 중간 값을 취하지 않는 방식을 '디지털(Digital)'이라고 합니다. 우리는 앞에서 0과 1의 두 개의 숫자만으로 다양한 숫자를 표현할 수 있다는 사실을 배웠습니다. 숫자 표현뿐만 아니라 더하기, 빼기, 곱하기 등의 다양한 연산도 가능합니다. 최근에는 컴퓨터가 점차 소형화되고 일상생활 속에서 광범위하게 자리를 잡으면서 노트북이나 데스크톱 이외에도 우리가 매일 사용하는 휴대폰,

TV, 세탁기, 냉장고 등의 많은 디지털 제품에도 컴퓨팅 원리가 적용되고 있으며 이러한 제품들 역시 컴퓨터 언어인 바이너리로 소통하고 있습니다.

▲ 최초의 디지털 컴퓨터 에니악(ENIAC)

컴퓨터 이해하기 ★★★

윈도우 시스템 정보를 살펴보면 시스템 종류에 64비트 운영체제라고 표기된 것을 볼 수 있습니다. 이것은 여러분이 사용하는 컴퓨터가 한번에 최대 $2^{64}-1$ 크기의 정보를 읽고 쓸 수 있다는 것을 나타냅니다. 만약 여러분의 컴퓨터가 32비트 컴퓨터라면 한번에 $2^{32}-1$ 크기의 정보를 읽고 쓸 수 있습니다. 당연히 숫자가 클수록 좋은 성능의 컴퓨터라고 할 수 있습니다.

▲ 컴퓨터 시스템 종류 확인(내 PC → 속성)

컴퓨터 이해하기 ★★★

일반적인 그림 파일을 바이너리 값으로 보여주는 에디터(예를 들면 HexView와 같은 프로그램)로 열어 보면 실제 그림의 데이터가 16진수 숫자 값으로 이루어져 있는 것을 확인할 수 있습니다. 이처럼 그림도 숫자 체계로 바꾸어 정보를 저장하고 화면에 나타나게 됩니다.

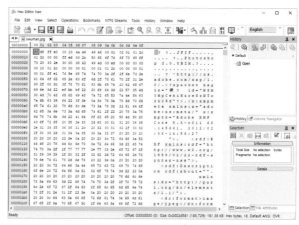

▲ 그림 파일의 예

2진수는 너무 길게 보이기 때문에 컴퓨터는 이 값을 16진수로 바꿔서 보여줍니다. 윈도우 10에 포함되어 있는 계산기를 프로그래머용으로 설정하면 진법 변환을 쉽게 할 수 있습니다. 계산기에서 HEX는 16진수, DEC는 10진수, OCT는 8진수, BIN은 2진수를 나타냅니다.

10진수	2진수	16진수
0	0000	0
1	0001	1
2	0010	2
3	0011	3
4	0100	4
5	0101	5
6	0110	6
7	0111	7
8	1000	8
9	1001	9
10	1010	a
11	1011	b
12	1100	c
13	1101	d
14	1110	e
15	1111	f

▲ 진법 변환표 및 윈도우용 계산기

03 · (활동) 숫자로 네모네모

컴퓨터는 모니터를 통해 글자, 그림, 숫자 등을 보여줍니다. 이때 모니터를 자세히 들여다보면 모든 모양이 수많은 점(dot)으로 이루어져 있음을 알 수 있습니다. 모니터의 이러한 점(dot)을 픽셀이라고 부릅니다. 하나의 픽셀은 Red, Green, Blue의 빛 센서와 하나의 투명도 센서로 구성됩니다. 이러한 각 픽셀의 조합이 모여서 여러 가지 색깔의 그림과 글자를 나타내게 됩니다. 이번 시간에는 '숫자로 네모네모' 놀이를 통해 컴퓨터가 그림과 글자를 인식하고 표현하는 방법을 익혀봅시다.

Activity ★★★ 준비물 : 필기도구, 3색 컬러 볼펜

– 아래 그림 왼쪽에 있는 a를 확대해 보면 오른쪽 모양으로 구성되어 있습니다.
– 우리는 앞서 컴퓨터가 0과 1로만 정보를 기억한다고 배웠습니다. 이런 특성을 이용하여 글자에 사용된 흑, 백의 픽셀 수를 세고 이를 저장하고 표현합니다.

– 위 글자는 아래와 같이 숫자로 표현될 수 있습니다.
– 순서는 백, 흑, 백, 흑 … 의 순서로 저장되며 해당 색의 픽셀 수가 저장되어 이를 알려줍니다.
– 컬러가 변경될 때(흑 → 백, 백 → 흑) 콤마로 구분합니다.

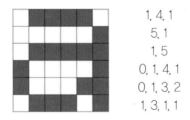

1, 4, 1
5, 1
1, 5
0, 1, 4, 1
0, 1, 3, 2
1, 3, 1, 1

–다음 활동지를 채워 봅니다. 어떤 그림이 완성되나요?

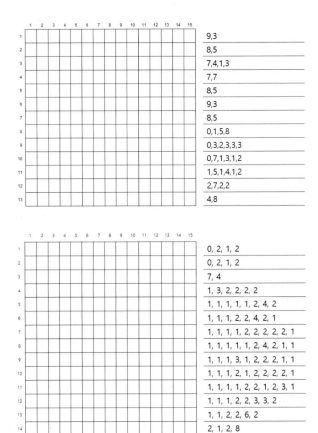

	1	2	3	4	5	6	7	8	9	10	11	12	13	14	15	
1																9,3
2																8,5
3																7,4,1,3
4																7,7
5																8,5
6																9,3
7																8,5
8																0,1,5,8
9																0,3,2,3,3,3
10																0,7,1,3,1,2
11																1,5,1,4,1,2
12																2,7,2,2
13																4,8

	1	2	3	4	5	6	7	8	9	10	11	12	13	14	15	
1																0, 2, 1, 2
2																0, 2, 1, 2
3																7, 4
4																1, 3, 2, 2, 2, 2
5																1, 1, 1, 1, 1, 2, 4, 2
6																1, 1, 1, 2, 2, 4, 2, 1
7																1, 1, 1, 1, 2, 2, 2, 2, 2, 1
8																1, 1, 1, 1, 1, 2, 4, 2, 1, 1
9																1, 1, 1, 3, 1, 2, 2, 2, 1, 1
10																1, 1, 1, 2, 1, 2, 2, 2, 2, 1
11																1, 1, 1, 1, 2, 2, 1, 2, 3, 1
12																1, 1, 1, 2, 2, 3, 3, 2
13																1, 1, 2, 2, 6, 2
14																2, 1, 2, 8
15																3, 12

– 자신만의 그림을 만들고, 친구와 활동지를 바꾸어 완성해 봅시다.

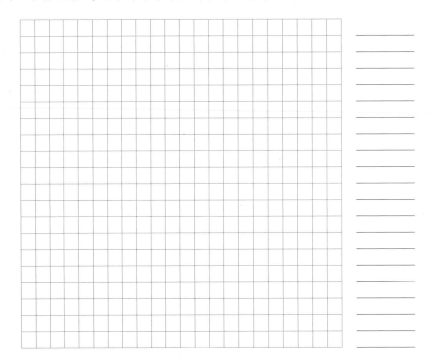

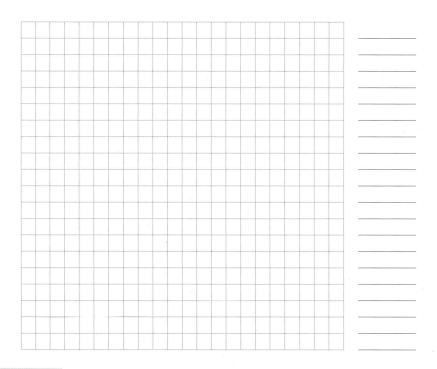

– 컬러는 어떻게 표현할까요?

– R(Red), G(Green), B(Blue) 정보를 활용하여 다음 그림을 표현하려면 어떻게 해야 할까요?

– Tip 1 : R과 G가 같은 비율로 섞이면 노란색이 됩니다.

  Tip 2 : R, G, B가 모두 섞이면 흰색이 됩니다.

  Tip 3 : R, G, B가 모두 섞이지 않으면 검은색이 됩니다.

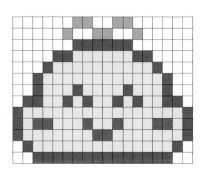

컴퓨터 이해하기 ★★★

그림판이나 Photoshop 등의 이미지 저작 툴을 사용할 때 그림을 저장하려고 하면 파일 형식으로 16색 비트맵, 256색 비트맵, 24비트 비트맵, 32비트 트루 컬러 중 하나를 선택해야 합니다. 24비트 비트맵의 경우 R(Red), G(Green), B(Blue)를 각각 8비트의 정보로 표현합니다. 각 색깔은 0~255의 단계로 표현될 수 있고, 빛의 3원색 조합에 따라 컬러가 만들어집니다. 24비트의 경우 표현 가능한 색깔의 총 개수가 $2^{24}-1$개임을 이젠 알 수 있겠지요?

32비트 트루 컬러라는 것은 R, G, B 컬러에 투명도(Transparency : 컴퓨터에서는 알파(α)라고 표기)를 더하여 색을 조합하는 것입니다. 이렇게 색을 표현하면 거의 자연색에 가깝게 표시된다고 하여 트루(true) 컬러라고 부릅니다.

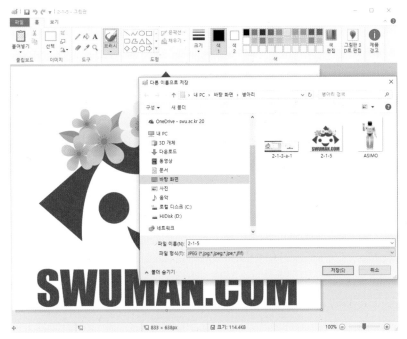

▲ 그림판에 저장할 때 파일 형식 지정

04 · (활동) 글자 맞추기

컴퓨터는 글자를 어떻게 저장하고 표현할까요? 이번에는 글자 맞추기 놀이를 통해 컴퓨터가 글자를 어떻게 표현하고 저장하는지 배워봅니다.

Activity ★★★　준비물: 필기도구

– 컴퓨터는 글자를 숫자로 저장하고 있다가 필요할 때 해당 글자를 사용자에게 뿌려줍니다. 다음 활동 카드의 코드표를 활용하여 숫자는 글자로, 글자는 숫자로 바꿔보세요.

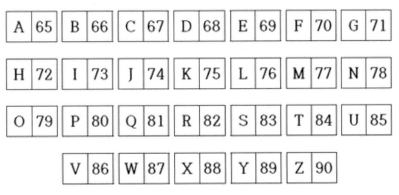

A	65	B	66	C	67	D	68	E	69	F	70	G	71
H	72	I	73	J	74	K	75	L	76	M	77	N	78
O	79	P	80	Q	81	R	82	S	83	T	84	U	85
V	86	W	87	X	88	Y	89	Z	90				

▲ 코드표

77 79 85 83 69

PHONE

| | | | | | | | | | | |

크리스마스 전날 밤, 백화점 옥상에서 아르바이트를 하던 철수는 문 닫는 시간을 잘못 알아 건물 안에 갇히고 말았습니다. 이미 모두 퇴근했는지 큰 소리로 도움을 요청해도 아무런 반응이 없었습니다. 철수는 빨리 집에 가서 가족과 함께 즐거운 크리스마스를 보내고 싶었지만, 뾰족한 방법이 떠오르지 않았습니다. 그때 마침 맞은편 건물의 불 켜진 창에 한 여성이 일하고 있는 모습이 보였습니다. 그녀는 컴퓨터 앞에 앉아 무엇인가를 열심히 보고 있었습니다. 어떻게 해서라도 그녀의 주의를 끌어야겠다고 생각한 철수는 크리스마스트리의 조명을 이용하여 그녀에게 메시지를 보내야겠다고 마음먹었습니다. 그는 모든 트리의 조명을 연결하여 켜고 끄기를 반복했습니다. 결국 이 방법은 그녀의 관심을 끌었고, 철수는 무사히 건물에서 나올 수 있었습니다.

철수는 과연 어떤 메시지를 보낸 걸까요? 여러분도 철수가 보낸 메시지의 의미를 알아내 보고, 이와 같은 방법으로 친구에게 짧은 메시지를 보내 보세요.

철수가 보낸 메시지 : _____

– 앞의 활동에서 사용한 코드표를 아스키 코드라고 합니다. 이번에는 아스키 코드를 이용하여 비밀 메시지를 보내고, 이것이 맞았는지 확인하는 과정을 배워 보겠습니다.

– 아스키 코드를 이용하면 문자를 숫자로 바꿀 수 있기 때문에 이 숫자 규칙으로 나만의 비밀 코드를 만들 수 있습니다.

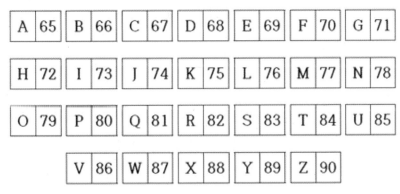

▲ 코드표

주하와 명석이는 서로 비밀편지를 주고받는 사이입니다. 오늘 명석이가 주하에게 오랫동안 숨겨온 마음을 고백하였고, 주하는 그에 대한 답을 해 주었습니다. 주하와 명석이가 편지를 주고받는 규칙은 다음과 같습니다. 둘 사이에 어떤 메시지가 오고 갔을까요?

[규칙]
아스키 코드의 숫자에 5를 더하여 메시지를 보내는데, 86~90은 65~69로 대체한다.

명석이가 주하에게 보낸 메시지: U Q J F X J G J R D L N W Q K W N J S I

_____

주하가 명석이에게 보낸 메시지 : N Q T A J D T Z W G W T Y M J W

_____

컴퓨터 이해하기 ★★★

컴퓨터로 문서 편집을 할 때 여러분은 폰트를 선택하게 됩니다. 그런데 특정 폰트를 선택하면 글자가 이상하게 보일 때가 있습니다. 왜 그런 걸까요?

각각의 폰트는 저마다의 문자표를 가지고 있습니다. 그런데 이 문자표에 없는 글자는 표시할 수 없습니다. 대표적인 영문 폰트 중 하나인 Arial은 한글이나 한문을 표시할 수 없습니다. 최근 많이 쓰이는 무료 한글 폰트인 나눔고딕은 Arial보다 훨씬 많은 문자표를 가지고 있기 때문에 한글뿐만 아니라 영어나 한문도 입력할 수 있습니다.

다음 그림에서 빨간색으로 표시된 부분이 16진수로 표시된 글자 코드입니다. 앞에서 16진수와 아스키 코드를 배웠으니 이게 어떤 의미인지는 알 수 있겠죠?

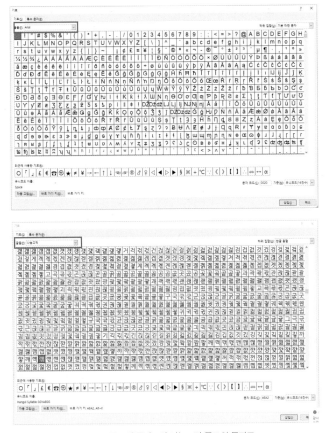

▲ Arial 폰트의 문자표와 나눔고딕 폰트의 문자표

01 ◆ 활동 보물찾기 놀이

컴퓨터는 많은 정보를 저장할 수 있고 빠르게 분류할 수 있습니다. 인터넷 검색 엔진의 경우 수천만 개의 웹페이지 중 필요한 내용을 불과 몇 초 만에 찾아내기도 합니다.

단어, 바코드 번호, 저자 이름 등과 같이 컴퓨터에 찾도록 요청하는 데이터를 '검색키(Search Key)'라고 합니다. 컴퓨터는 검색키를 통해 요청한 데이터를 찾아냅니다. 사실 컴퓨터는 정보를 매우 빠르게 처리할 수 있어서 특별한 방법을 쓰지 않고 저장소의 처음부터 끝까지 원하는 정보를 찾을 때까지 계속 탐색할 수도 있습니다. 하지만 아무리 컴퓨터라 하더라도 이 방법만 사용하면 시간이 지체될 수 있습니다. 예를 들어, 1만여 개의 각각 다른 제품이 놓인 마트 선반을 생각해 보세요. 계산을 위해 바코드를 찍었을 때 컴퓨터는 1만 개의 제품 목록을 살펴보고 해당 제품의 이름과 가격을 찾아내야 합니다. 각각의 코드를 확인하는 데 1/1000초가 걸린다고 하더라도 전체 리스트를 탐색하려면 적어도 10초는 소요됩니다. 그렇다면 장 본 물건들을 모두 확인하려면 얼마나 오랜 시간이 걸릴지 예상해 보세요.

컴퓨터는 어떤 방법을 사용하여 이 방대한 정보 중에서 필요한 데이터를 정확하고 빠르게 찾아내는 걸까요? 이번 시간에는 보물찾기 놀이를 통해 컴퓨터가 정보를 찾아내는 다양한 방법과 원리에 대해서 배워봅시다.

Activity 선형 탐색 ◀ 준비물: 필기도구, 가위

- 두 명의 학생이 짝을 지어 한 명은 종이의 1A, 다른 한 명은 1B를 가집니다.
  (단, 상대방에게 본인의 종이를 보여주지 마세요.)
- 각자 다이아몬드 모양에 적힌 숫자 중 하나를 골라 My Diamonds에 있는 Number of Shots Used 옆에 적습니다. 그리고 자신이 정한 숫자를 상대방에게 알려줍니다. 상대방이 알려준 숫자는 Your Diamonds에 있는 Number of Shots Used 옆에 적어 놓습니다.
- 준비가 되었으면 누가 먼저 시작할지 순서를 정합니다.
- 각 학생은 알파벳을 불러 상대방이 정한 숫자가 어디에 있는지를 맞춥니다. 상대방이 정한 숫자의 위치를 먼저 맞추는 학생이 승리합니다.

Tip 다음 그림은 영진닷컴 홈페이지(http://www.youngjin.com)에서 내려받을 수 있습니다.

My Diamonds — Numbers of Shots Used:

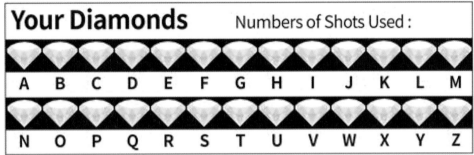

A	B	C	D	E	F	G	H	I	J	K	L	M
9058	7169	3214	5891	4917	2767	4715	674	8088	1790	8949	13	3014

N	O	P	Q	R	S	T	U	V	W	X	Y	Z
8311	7621	3542	9264	450	8562	4191	4932	9462	8423	5063	6221	2244

Your Diamonds — Numbers of Shots Used:

A	B	C	D	E	F	G	H	I	J	K	L	M

N	O	P	Q	R	S	T	U	V	W	X	Y	Z

1A

▲ My Diamonds 1A

My Diamonds — Numbers of Shots Used:

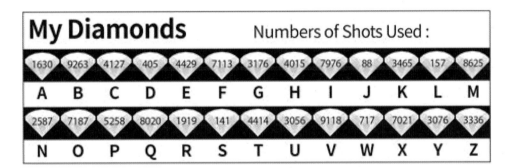

A	B	C	D	E	F	G	H	I	J	K	L	M
1630	9263	4127	405	4429	7113	3176	4015	7976	88	3465	157	8625

N	O	P	Q	R	S	T	U	V	W	X	Y	Z
2587	7187	5258	8020	1919	141	4414	3056	9118	717	7021	3076	3336

Your Diamonds — Numbers of Shots Used:

A	B	C	D	E	F	G	H	I	J	K	L	M

N	O	P	Q	R	S	T	U	V	W	X	Y	Z

1B

▲ My Diamonds 1B

- 각 숫자는 무작위로 놓여 있으며, 순서와 크기가 일정하지 않습니다.

- 이런 경우 상대방이 정한 숫자를 찾기 위해 어떻게 하는 것이 유리할까요?

- 선형 탐색은 언제 사용될까요?

- 선형 탐색의 장점과 단점은 무엇일까요?

컴퓨터 이해하기 ★★★

컴퓨터로 글을 작성한 후 특정 글자를 찾아서 고칠 때 가장 많이 사용되는 방법이 선형 탐색입니다. 주어진 데이터에서 원하는 정보를 처음부터 순차적으로 비교하면서 찾는 방법입니다. 예를 들어 메신저로 대화한 내용 중 특정 단어를 찾거나 다음 그림처럼 한글 문서로 작업한 후 특정 글자를 찾을 때 입력된 글에서 해당 글자를 순서대로 찾아 보여줍니다.

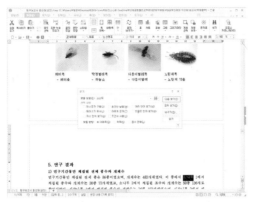

▲ 한글 프로그램의 단어 찾기 기능

- 두 명의 학생이 짝을 지어 한 명은 종이의 2A, 다른 한 명은 2B를 가집니다.
  (단, 상대방에게 본인의 종이를 보여주지 마세요.)
- 각자 다이아몬드 모양에 적힌 숫자 중 하나를 골라 My Diamonds에 있는 Number of Shots
  Used 옆에 적습니다. 그리고 자신의 정한 숫자를 상대방에게 알려줍니다. 상대방이 알려준 숫
  자는 Your Diamonds에 있는 Number of Shots Used 옆에 적어 놓습니다.
- 준비가 되었으면 누가 먼저 시작할지 순서를 정합니다.
- 각 학생은 알파벳을 불러 상대방이 정한 숫자가 어디에 있는지를 맞춥니다. 상대방이 정한 숫자
  의 위치를 먼저 맞추는 학생이 승리합니다.

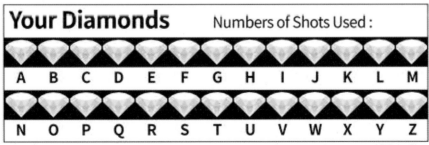

2A

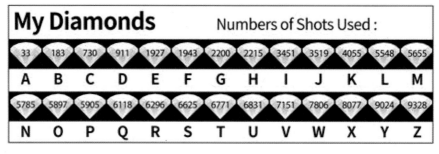

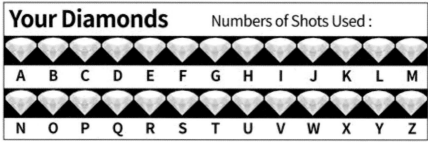

2B

- 각 숫자는 값이 작은 것부터 큰 순서로 차례로 놓여 있습니다.
- 이런 경우 어떤 순서로 상대방이 정한 숫자를 찾는 것이 효과적일지 생각해 봅시다.

컴퓨터 이해하기 ★★★

이진 탐색은 자료의 양이 많을수록 효과를 발휘합니다. 특히 많은 사람들 중에서 정보가 일치하는 사람을 찾거나 수많은 도서 정보 중 특정 도서를 찾을 때 등 일상생활에서 많이 사용되고 있습니다. 예를 들어 전자사전에서 단어를 찾을 때 이진 탐색이 많이 사용되고 있습니다.

02 ◆ (활동) 가장 가벼운 것과 가장 무거운 것

앞에서 보물찾기 놀이를 통해 정렬된 정보가 탐색할 때 얼마나 유리한 지를 경험했습니다. 컴퓨터는 다양한 방법으로 정보를 정렬합니다. 예를 들어 이름은 가나다순(또는 알파벳순)으로, 이메일이나 약속은 날짜순으로, 상품은 생산날짜순으로 정렬할 수 있습니다. 정렬된 리스트는 원하는 항목을 쉽게 찾을 수 있고 보기에도 좋습니다. 만약 시험 성적을 정렬해 놓으면, 최저점과 최고점이 명백하게 보일 것입니다. 이번 시간에는 정렬을 통해 가장 가벼운 것과 가장 무거운 것을 컴퓨터가 어떻게 찾아내는지 배워봅시다.

Activity 선택 정렬 ◆ 준비물: 가위

- 숫자 카드 8장을 준비합니다.
  (숫자 카드가 없을 경우 복사 용지에 임의의 숫자를 쓰고 잘라서 사용합니다.)
- 카드를 섞어 무작위로 정렬 칸에 배치합니다.
- 가장 작은 수를 찾아 맨 앞에 위치한 카드와 자리를 바꿉니다.
- 정렬이 끝난 카드를 제외하고, 나머지 숫자 카드에 대해서 같은 작업을 반복합니다.
- 숫자 카드는 정렬 칸이 아닌 다른 곳에 놓을 수 없습니다.
- 숫자 카드는 한 장만 손에 들고 있을 수 있습니다.
- 현재 여러분이 보는 카드와 비교하는 카드를 구분하기 위해 화살표를 잘라서 활용해 보세요.

생각해보기 ★★★

아래 숫자 카드는 어떤 순서로 정렬되는지 단계별로 생각해보세요.

10	5	8	9	6	4	1	2
1	5	8	9	6	4	10	2
1	2	8	9	6	4	10	5

- 최소값 1, 첫 자리 10의 위치를 교환하고 1은 고정시킨다.
- 최소값 2, 첫 자리 5의 위치를 교환하고 2는 고정시킨다.

- 숫자 카드는 한 번에 두 장만 비교할 수 있습니다. 최소값을 찾기 위해 몇 번의 비교 작업을 해
  야 할까요?

- 숫자 카드 8장을 준비합니다.
- 카드를 섞어 무작위로 정렬 칸에 배치합니다.
- 앞에서부터 두 개의 카드를 골라 작은 것은 왼쪽, 큰 값은 오른쪽으로 카드의 자리를 바꿉니다.
- 오른쪽으로 정렬 칸의 자리를 옮겨 가며 비교 작업을 계속 수행합니다.
- 정렬 칸의 마지막까지 이동하면서 교환 작업을 수행해도 정렬이 완전히 끝나지 않았다면 처음
  부터 비교/교환 작업을 다시 수행합니다.
- 정렬이 끝날 때까지 작업을 반복합니다.
- 한 번에 두 개의 카드만 비교할 수 있습니다.

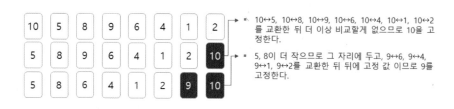

10↔5, 10↔8, 10↔9, 10↔6, 10↔4, 10↔1, 10↔2
를 교환한 뒤 더 이상 비교할게 없으므로 10을 고
정한다.

5, 8이 더 작으므로 그 자리에 두고, 9↔6, 9↔4,
9↔1, 9↔2를 교환한 뒤 뒤에 고정 값 이므로 9를
고정한다.

- 숫자 카드 8장을 준비합니다.
- 카드를 섞어 무작위로 정렬 칸에 배치합니다.
- 앞에서부터 첫 번째 카드와 두 번째 카드를 골라 작은 값은 왼쪽, 큰 값은 오른쪽으로 카드의
  자리를 바꿉니다.
- 첫 번째 위치한 가장 작은 값의 카드와 세 번째 카드를 비교합니다. 마찬가지로 작은 값은 왼
  쪽, 큰 값은 오른쪽으로 카드의 자리를 바꿉니다.
- 정렬 칸의 마지막까지 이동하면서 교환 작업을 수행합니다.
- 모든 카드와의 비교가 끝났다면 카드의 자리가 고정됩니다.
- 모든 카드가 정렬되지 않았다면 정렬이 끝날 때까지 작업을 반복합니다.
- 한 번에 두 개의 카드만 비교할 수 있습니다.

– 버블 정렬에서 최소값 혹은 최대값은 언제 찾을 수 있을까요?

▶ 10↔5를 비교하여 자리를 바꾼 뒤 5와 8을 비교하면 5가 더 작으므로 그 자리에 둔다. 마찬가지로 9, 6이 5보다 크므로 그 자리에 둔다. 5↔4, 4↔1을 교환한 후 1보다 2가 작으므로 그 자리에 둔다. 모든 비교가 끝났으므로 1을 고정한다.

▶ 10↔8을 교환하고 9가 8보다 크므로 그 자리에 둔다. 다음 8↔6, 6↔5, 5↔4, 4↔2 를 교환한 하면 더 이상 비교할 카드가 없으므로 2를 고정한다.

– 숫자 카드 8장을 준비합니다.

– 카드를 섞어 무작위로 정렬 칸에 배치합니다.

– 정렬되지 않은 카드 중 무작위로 하나의 카드를 고릅니다. 그 카드가 기준키가 됩니다.

– 기준키를 중심으로 작은 값을 가진 카드는 왼쪽에, 큰 값을 가진 카드는 오른쪽에 놓아 작은 값을 갖는 데이터 그룹과 큰 값을 갖는 데이터 그룹으로 분리합니다.

– 작은 데이터 그룹 중 하나의 카드를 골라 다시 기준키로 만들어 위의 과정을 반복합니다.

– 작은 데이터 그룹의 정렬이 끝나면, 큰 데이터 그룹에도 위와 같은 작업을 수행합니다.

– 정렬이 끝날 때까지 몇 번의 비교 작업이 필요한가요?

– 선택 정렬과 비교하여 어느 쪽이 더 빠른가요?

– 정렬해야 하는 카드 중에 같은 숫자가 두개 이상 섞여 있다면 어떻게 될까요?

– 퀵 정렬은 항상 빠를까요?

• 그룹의 첫번째 카드를 기준키로 정합니다.
• 6을 기준 키로 정한다.
• 6보다 큰 수와 작은 수 그룹으로 나눈다. 6의 위치를 고정한다.

정렬은 일상생활에서 많이 사용하는 기능입니다. 핸드폰의 주소록이나 서점의 도서 목록 등은 쉽게 상상할 수 있는 정렬의 활용 예입니다. 그밖에 인터넷 실시간 검색어나 음악 사이트의 순위 프로그램 등에도 정렬 알고리즘이 활용되고 있습니다. 각각의 경우에 어떤 정렬 알고리즘이 사용되는지는 정해져 있지 않고, 데이터의 양이나 컴퓨터 성능에 따라 선택하여 사용되고 있습니다. 여러분들이 프로그램을 만든다면 이러한 정렬 알고리즘을 언제 사용할 수 있을지 생각해 보세요.

순위		곡정보		앨범	좋아요	듣기	담기	다운	뮤비
1	—	나만, 봄	볼빨간사춘기	사춘기집 I 꽃기운	♡133,022	▷	+	↓	□0
2	—	방에 모기가 있어 (Do You Thi...	10cm	방에 모기가 있어 (4.4)	♡27,965	▷	+	↓	□0
3	—	별 보러 갈래?	볼빨간사춘기	사춘기집 I 꽃기운	♡75,763	▷	+	↓	□0
4	NEW	서로 맞춰주다 끝나버렸어	마인드유	서로 맞춰주다 끝나버렸어	♡3,535	▷	+	↓	□0
5	↓1	나의 사춘기에게	볼빨간사춘기	Red Diary Page.1	♡198,322	▷	+	↓	□0
6	↓1	폰서트	10cm	4.0	♡125,396	▷	+	↓	□0
7	↓1	그러나	10cm	4.3	♡63,156	▷	+	↓	□0
8	↓1	스토커	10cm	3.0	♡189,318	▷	+	↓	□0
9	↓1	우주를 줄게	볼빨간사춘기	Full Album RED PLANET	♡245,336	▷	+	↓	□0
10	—	나만 안되는 연애	볼빨간사춘기	Full Album RED PLANET	♡172,894	▷	+	↓	□0
11	↓2	썸 탈꺼야	볼빨간사춘기	Red Diary Page.1	♡173,375	▷	+	↓	□0

▲ 음악 사이트 (출처 : 멜론)

03 · (활동) 가장 빠른 길 찾기

컴퓨터는 빠른 계산을 통해 우리에게 가장 좋은 해결책을 제시해 주기도 합니다. 이때 앞서 배운 정렬 방법이 활용됩니다. 이번 시간에는 가장 빠른 길을 찾는 활동을 통해 컴퓨터가 어떤 방법으로 가장 빠른 길을 찾아내는지 배워봅시다.

Activity ★★★

명석이와 주하는 같은 동네에 살고 있습니다. 아래 약도를 보고 명석이가 목적지로 가기 위한 다양한 방법을 생각해 봅시다. (아래 약도에서 돌 한 칸의 거리는 걸리는 시간을 나타냅니다.

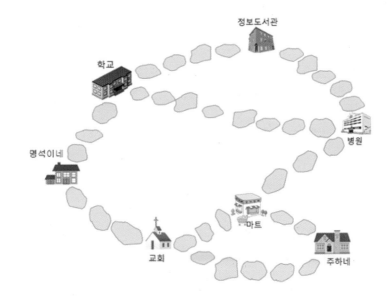

– 명석이가 주하네 집에 갈 때 가장 빨리 갈 수 있는 방법은 무엇일까요?

– 명석이가 가장 적은 곳을 거쳐 병원에 가는 방법과 가장 많은 곳을 거쳐서 가는 방법, 그리고 가장 빠르게 병원에 도착하는 방법은 각각 어느 정도의 시간 차이가 날까요?

– 명석이가 목적지로 갈 수 있는 방법을 찾기 위해 마을 약도를 아래와 같은 그림으로 바꾸었습니다. 명석이네 집을 1번으로 하여 시계방향으로 번호를 붙이고, 각 지점마다 걸리는 시간을 숫자로 표시해 주었습니다. 명석이가 집(1번)에서 병원(4번)까지 갈 수 있는 길은 모두 몇 가지가 있을까요? 아래 그림을 보면서 문제를 해결하기 위한 다양한 방법들을 생각해 보세요.

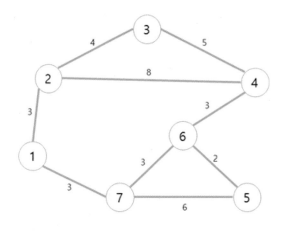

스마트폰을 통해 흔히 사용하는 "지하철 노선도 앱"에서는 가장 빠른 길 또는 가장 적은 환승 횟수로 가는 길을 알려줍니다. 이때 우리가 배운 가장 빠른 길 찾기 알고리즘이 사용됩니다. 차량 운전을 할 때 사용하는 네비게이션 역시 같은 방법으로 가장 짧은 길 또는 가장 짧은 시간에 갈 수 있는 길을 계산하여 알려줍니다.

지금까지 컴퓨터가 어떻게 정보를 표현하고, 우리가 원하는 정보를 빠르고 정확하게 찾아주는지 살펴보았습니다. 다음 장에서는 컴퓨터가 우리가 원하는 작업을 수행하도록 만들어 주는 프로그래밍을 배워보겠습니다.

◆◆ 연습 문제 ···

01 명석이와 주하는 다섯 장의 카드로 점의 수 세기 놀이를 하고 있습니다. 명석이가 주하에게 15+27이라는 문제를 냈는데, 주하는 5장의 카드를 이용하여 "여기 나온 값의 두 배를 하면 돼"라고 답했습니다. 주하가 명석이에게 준 카드는 어떤 숫자 카드이고, 왜 이렇게 답을 했는지 이유를 생각해 보세요.

주하가 명석이에게 "여기 나온 값의 두 배"를 하라고 답한 이유: _____

02 흑의 점 개수와 백의 점 개수를 세어 그림으로 나타낼 수 있습니다. 앞에 진행했던 것과 같은 방법으로 아래 칸을 완성해 보세요. 숫자는 백, 흑, 백, 흑, … 의 순서로 표기되어 있으며, 컬러가 변경될 때는 콤마(,) 표시를 했습니다.

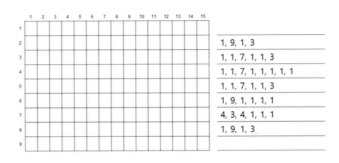

1, 9, 1, 3
1, 1, 7, 1, 1, 3
1, 1, 7, 1, 1, 1, 1, 1
1, 1, 7, 1, 1, 3
1, 9, 1, 1, 1, 1
4, 3, 4, 1, 1, 1
1, 9, 1, 3

03 오랜 친구인 주하와 명석이는 Weddings 글자를 이용하여 비밀 메시지를 주고받았습니다. Weddings는 그림으로 된 글자표입니다. 명석이가 주하에게 보낸 메시지는 무엇일까요?

<table>
<tr><td colspan="15" align="center">Weddings</td></tr>
<tr><td>✇</td><td>✇</td><td>✇</td><td>✇</td><td>✇</td><td>✇</td><td>✇</td><td>✇</td><td>✇</td><td>☺</td><td>☺</td><td>☹</td><td>✇</td><td>✇</td><td>℔</td></tr>
<tr><td>0x41</td><td>0x42</td><td>0x43</td><td>0x44</td><td>0x45</td><td>0x46</td><td>0x47</td><td>0x48</td><td>0x49</td><td>0x4A</td><td>0x4B</td><td>0x4C</td><td>0x4D</td><td>0x4E</td><td>0x4F</td></tr>
<tr><td>℞</td><td>✈</td><td>✿</td><td>♠</td><td>❊</td><td>♧</td><td>♣</td><td>♦</td><td>❋</td><td>✿</td><td>☾</td><td></td><td></td><td></td><td></td></tr>
<tr><td>0x50</td><td>0x51</td><td>0x52</td><td>0x53</td><td>0x54</td><td>0x55</td><td>0x56</td><td>0x57</td><td>0x58</td><td>0x59</td><td>0x5A</td><td></td><td></td><td></td><td></td></tr>
<tr><td>♋</td><td>♌</td><td>♍</td><td>♎</td><td>♏</td><td>♐</td><td>♑</td><td>♒</td><td>♓</td><td>er</td><td>&</td><td>●</td><td>○</td><td>■</td><td>□</td></tr>
<tr><td>0x61</td><td>0x62</td><td>0x63</td><td>0x64</td><td>0x65</td><td>0x66</td><td>0x67</td><td>0x68</td><td>0x69</td><td>0x6A</td><td>0x6B</td><td>0x6C</td><td>0x6E</td><td>0x6E</td><td>0x6F</td></tr>
<tr><td>▫</td><td>▢</td><td>▭</td><td>·</td><td>◆</td><td>◆</td><td>❖</td><td>·</td><td>⊠</td><td>▧</td><td>⌘</td><td></td><td></td><td></td><td></td></tr>
<tr><td>0x70</td><td>0x71</td><td>0x72</td><td>0x73</td><td>0x74</td><td>0x75</td><td>0x76</td><td>0x77</td><td>0x78</td><td>0x79</td><td>0x7A</td><td></td><td></td><td></td><td></td></tr>
</table>

Arial															
A	B	C	D	E	F	G	H	I	J	K	L	M	N	O
0x41	0x42	0x43	0x44	0x45	0x46	0x47	0x48	0x49	0x4A	0x4B	0x4C	0x4D	0x4E	0x4F
P	Q	R	S	T	U	V	W	X	Y	Z				
0x50	0x51	0x52	0x53	0x54	0x55	0x56	0x57	0x58	0x59	0x5A				
a	b	c	d	e	f	g	h	i	j	k	l	m	n	o
0x61	0x62	0x63	0x64	0x65	0x66	0x67	0x68	0x69	0x6A	0x6B	0x6C	0x6E	0x6E	0x6F
p	q	r	s	t	u	v	w	x	y	z				
0x70	0x71	0x72	0x73	0x74	0x75	0x76	0x77	0x78	0x79	0x7A				

◆✳⊡ ○□□○ꞌ ♍□□&⌖◼♈ ⌖◆ ◆♍□□⌖♌●♍.

명석이가 주하에게 : _____

04 카카오톡 대화창에서 "전화번호"라는 단어가 들어갔던 대화 내용을 찾고 싶다면, 어떤 검색 방법을 사용하는 게 좋을까요? 또 그 이유는 무엇인가요?

05 버블 정렬을 이용하여 아래 숫자 카드를 정리하려고 합니다. 정렬 결과 가장 작은 수에서 큰 수로 정렬되어야 합니다. 이웃하는 두 카드를 비교하는 방법으로 버블 정렬 단계를 적어보세요.

| 32 | 7 | 48 | 12 | 16 | 62 | 30 | 2 |

06 수업 시간에 배운 정렬 방법(선형, 버블, 퀵, 병합) 중 가장 빠른 것을 선택하여 아래 숫자 카드가 정렬되는 과정을 적어 보세요. 왼쪽이 작은 수, 오른쪽이 큰 수가 오도록 정렬하며, 퀵 정렬을 수행하는 경우 기준키는 항상 맨 앞에 위치한 숫자 카드입니다.

| 27 | 54 | 60 | 12 | 7 | 17 | 30 | 3 |

07 아래 그림에서 모든 노드를 다 연결하면서 가장 비용이 적게 드는 경로를 찾아보세요. 다른 노드와 연결
되지 않고 혼자 있는 노드가 존재하지 않도록 주의하세요.

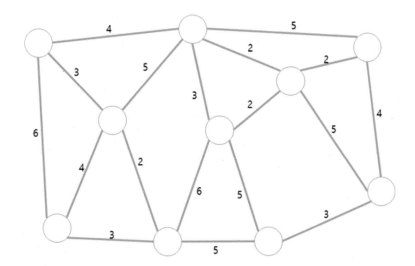

파이썬 프로그래밍

이제 본격적인 코딩을 시작할 차례입니다.
우리 머릿속에 반짝이는 창의적이고 논리적인 사고가
컴퓨터를 통해 코딩으로 표현될 수 있습니다.
파이썬을 활용하여 코딩 실습을 하고,
간단한 출력부터 시작하여 다양하고 재미있는 결과를 만들어 봅시다.

CHAPTER 3

파이썬 프로그래밍

이 장에서는 파이썬 언어를 사용하여 프로그래밍의 기초를 배워보도록 합니다. 파이썬 설치부터 시작하여 프로그래밍의 기본이 되는 변수, 숫자, 문자열, 연산자에 대해 배우고 제어 구조를 통해 조건과 반복을 처리하는 방법을 익혀 보도록 하겠습니다. 타 언어에 비해서 파이썬이 강점인 리스트, 튜플, 딕셔너리 같은 자료 구조도 공부하고 함수의 개념을 익혀 파일을 어떻게 읽고, 쓰는지 배웁니다. 각 개념을 배울 때 다양한 프로그래밍 실습을 통해 코딩 훈련을 하겠습니다.

파이썬 소개와 설치

01 · 특징

파이썬은 컴퓨터 프로그래밍의 역사상 비교적 후반부에 발명된 프로그래밍 언어입니다. 1991년에 네덜란드의 컴퓨터 프로그래머인 귀도 반 로섬(Guido van Rossum)이 개발한 대화형 프로그래밍 언어로써 다음과 같은 특징을 가지고 있습니다.

첫 번째는 뛰어난 생산성입니다. 생산성이 뛰어나다는 것은 프로그래밍이 빠르고 효율적으로 개발을 할 수 있다는 뜻입니다. 또한, 파이썬은 인터프리터 언어로써 컴퓨터와 대화하는 듯한 방식으로 프로그램을 작성할 수 있기 때문에 초보자가 익히기에 매우 쉬운 언어입니다.

파이썬은 문법이 쉬워 코드를 보면 직관적으로 알 수 있는 부분이 많습니다. 다음 코드를 살펴봅시다.

```
if "사과" in ["딸기", "바나나", "포도", "사과"]:
  print("사과가 있습니다")
```

위 코드를 보면 "사과"가 "딸기", "바나나", "포도", "사과" 안에 포함되어 있기 때문에 "사과가 있습니다"라는 문장을 출력할 것이 쉽게 예상됩니다.

또 다른 특징을 살펴보면, 파이썬은 다양한 플랫폼에서 사용이 가능하다는 점입니다. Windows PC 뿐만 아니라 Unix 터미널 창, 웹, 서버, 클라우드, 모바일 디바이스, 임베디드 디바이스 등 다양한 플랫폼용으로 사용할 수 있도록 널리 확산되어 있습니다. 마지막 특징은 라이브러리가 풍부합니다. 기본으로 제공되는 라이브러리 이외에 인공지능, 바이오, 데이터 시각화, 게임 개발, 자연어 처리, 웹 개발 등등에 사용할 수 있는 서드파티 라이브러리가 현존하고 있고, 지금도 계속해서 새로운 분야에서 파이썬 라이브러리가 개발되어서 신기술 분야에서 쉽게 프로그램 개발을 할 수 있게 합니다.

02 · 설치

파이썬 설치를 하기 위해서 http://www.python.org/에 접속하여 [Downloads] - [Python 3.7.1]을 선택합니다. 집필 당시 최신 버전은 3.7.1이지만 여러분이 설치할 때는 3.7.1 보다 높은 버전일 수 있습니다. 최신 버전이 아니여도 3.x 대 버전만 설치하면 됩니다. [Python 3.7.1] 버튼을 클릭한 후 나타나는 하단의 [실행] 버튼을 선택합니다.

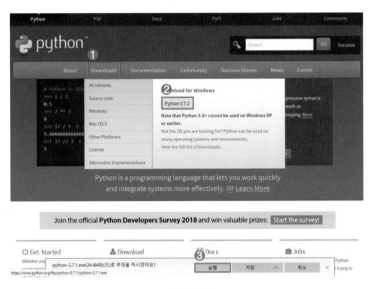

▲ 파이썬 설치 1

설치시 설치 박스 아래쪽에 있는 [Install launcher for all users(recommended)]와 [Add Python 3.7 to PATH] 체크박스 모두를 꼭 체크해줘야 합니다.

▲ 파이썬 설치 2

03 ◆ IDLE

별 문제가 없다면 파이썬 설치는 금방 끝납니다. 설치가 끝난 후엔 [Windows] − [IDLE 프로그램]
을 실행하여 파이썬 프로그램을 작성해 보도록 합시다. 파이썬의 IDLE은 Integrated DeveLop-
ment Environment의 약어로 통합 개발 환경이라는 뜻입니다. Windows 키를 누른 후 검색창에서
IDLE을 입력하면 바로 검색됩니다.

▲ 파이썬 실행

검색으로 실행하지 않는다면 [Windows] − [Programs] − [Python 그룹] − [IDLE 아이콘]을 선택해
도 됩니다. IDLE 아이콘을 클릭해 실행하면 아래와 같은 화면이 나타납니다.

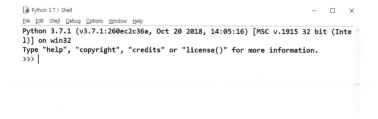

▲ 파이썬 초기 화면

이 화면을 통해서 컴퓨터와 대화하듯이 프로그래밍을 할 수 있습니다. 〉〉〉는 파이썬의 프롬프트이
고, 컴퓨터가 여러분에게 명령어(command)를 입력하도록 유도하는 역할을 합니다.

명령어를 다른 말로 코드(code)라고 하는데 앞으로 코드라는 용어와 혼용하여 자주 사용하겠습니다. 이제 파이썬에게 첫 번째 명령어를 입력해 봅시다. 프롬프트(>>>) 오른쪽에 print("hello world!")을 입력하고 엔터키를 누릅니다.

▲ hello world ! 실행 화면

실행 화면을 보면 파이썬이 입력한 명령어에 대해 hello world! 라고 답을 한 것을 볼 수 있습니다. IDLE은 문장을 입력할 때와 화면에 결과를 출력할 때 글자의 색상을 문법에 따라 변화해서 보여줍니다. 예를 들면 print는 보라색이고 따옴표 안의 글자 "hello world!"는 녹색 실행 결과인 hello world!는 파랑색입니다. 이번에는 영어 대신 한글을 출력해 봅시다. 프롬프트(>>>) 오른쪽에 print("환영 파이썬")을 입력하고 엔터키를 누릅니다.

▲ 환영 파이썬 실행 화면

환영 파이썬과 같이 한글로도 잘 실행하는 것을 볼 수 있습니다.

04 • IDLE 장점

파이썬 IDLE의 장점으로 편리한 에러 수정 기능이 있습니다. 계속해서 다음과 같이 프롬프트 (>>>) 옆에 a=b를 입력해 봅시다.

```
>>> a=b
Traceback (most recent call last):
  File "<pyshell#22>", line 1, in <module>
    a=b
NameError: name 'b' is not defined
>>>
```

입력 후 실행 화면을 살펴보면 실행 화면에 붉은 색으로 메시지가 출력됐습니다.

```
Traceback (most recent call last):
  File "<pyshell#1>", line 1, in <module>
    a=b
NameError: name 'b' is not definedZ
```

a=b 문장은 다음에 배우겠지만 간단히 이해하자면 값을 할당하는 대입문으로 b 값이 지정되어 있지 않기 때문에 에러(Error)가 난 경우입니다. 이 경우는 문장이 짧기 때문에 쉽게 타이핑을 다시 해서 수정할 수 있지만, 아래와 같이 여러 문장으로 이루어진 코드 블록의 경우 에러가 나면 어떻게 수정해야 할까요?

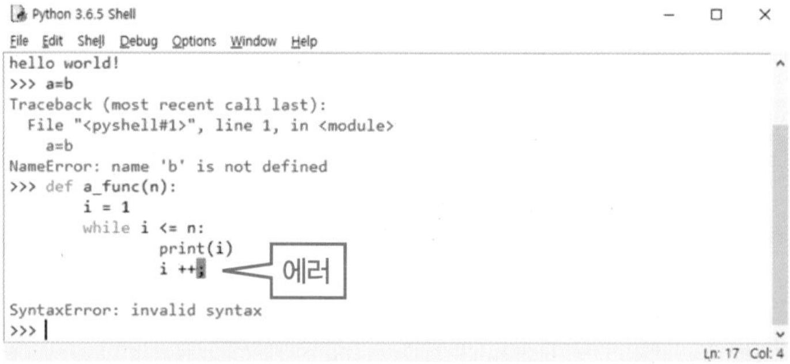

SyntaxError: invalid syntax 출력문을 보면 추측할 수 있듯이 def a_func(n): 으로 시작하는 코드 블록은 제일 끝에 에러가 있습니다. 에러를 수정하고 싶지만 5줄로 이루어진 모든 문장을 다시 타이핑하기 번거롭습니다. IDLE에선 쉽게 에러를 수정하기 위해서 다음과 같이 합니다.

1. 마우스나 화살표키를 사용하여 블록 안의 수정하고 싶은 부분으로 커서를 이동합니다.

2. 엔터키를 누릅니다.

그림과 같이 이전에 입력한 코드가 다시 나타나서 화살표키를 사용하여 수정을 할 수 있습니다.

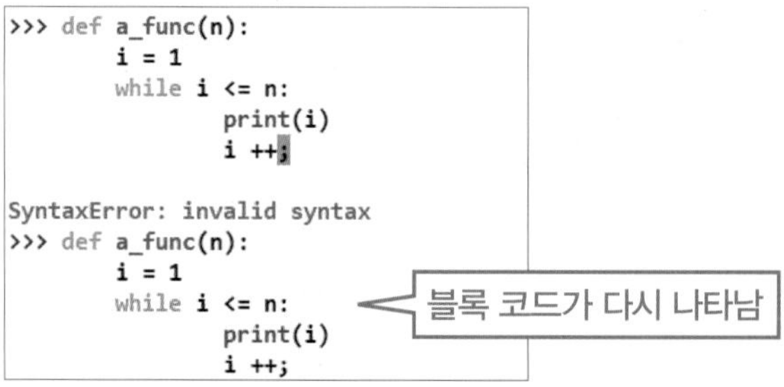

수정이 끝나면 커서를 블록의 마지막 줄의 오른쪽 제일 끝에 위치한 후 엔터키를 두 번 누르면 됩니다.

```
>>> def a_func(n):
        i = 1
        while i <= n:
                print(i)
                i ++;

SyntaxError: invalid syntax
>>> def a_func(n):
        i = 1
        while i <= n:
                print(i)         ◀── 에러가 수정된 코드
                i+=1;
```

```
>>> def a_func(n):
        i = 1
        while i <= n:
                print(i)
                i+=1;

>>> |                          ◀── 엔터키를 2번 타이핑함
```

05 • 숫자

파이썬은 다른 프로그래밍 언어와 마찬가지로 숫자를 잘 다룹니다. 컴퓨터의 어원(compute: 계산하다)처럼 계산 기능을 쉽게 할 수 있습니다. 프롬프트(>>>) 옆에 덧셈 계산할 수식(3+5)을 바로 입력해 봅시다.

```
>>> 3 + 5
8
>>> 3 * 5
15
>>> (2 + 5) * 3
21
>>> |
```

계산 결과를 바로 확인할 수 있습니다. 곱셈(3*5) 연산뿐만 아니라 괄호를 사용한 조금 복잡한 계산도 할 수 있습니다. 아래와 같이 print 문 안에서도 계산이 가능합니다. 프롬프트(>>>) 옆에 print(20+30)을 입력하면 계산 결과인 50을 출력하는 것을 볼 수 있습니다.

```
>>> 3 + 5
8
>>> 3 * 5
15
>>> (2 + 5) * 3
21
>>> |
```

print 문 안에서 사용할 때 수식이 따옴표(" ") 안에 있는 경우 계산을 하지 않고 문자열로 취급하여 그대로 출력합니다. 이번에는 프롬프트(>>>) 옆에 print("20+30")을 입력해 봅시다.

```
>>> print ("20 + 30")
20 + 30
>>>
>>>
```

실행 결과를 보면 따옴표 안의 수식은 계산을 하지 않고 문자열을 그대로 출력하는 것을 볼 수 있습니다. print()의 괄호 안에 값을 여러 개 연속해서 출력할 때는 콤마(,)를 사용하여 연결해 줍니다.

```
>>> print ("20 + 30")
20 + 30
>>>
>>>
```

print("하나", "둘", "셋")은 '하나 둘 셋'을 출력하고, print("하나" + "둘" + "셋")은 '하나둘셋'을 출력합니다. 둘의 차이점은 공백의 유무입니다. 이와 같이 print()문 안에서 콤마(,)와 덧셈(+)의 차이점은 콤마 사용 시에는 공백을 넣어준다는 것입니다.

 실습1 ••

파이썬 IDLE을 사용하여 간단하게 본인의 학번과 이름을 출력해 봅시다.

```
>>> print ("학번", 2018111001, "이름", "홍길동")
학번 2018111001 이름 홍길동
>>>
```

 실습2 ••

파이썬 IDLE을 사용하여 1부터 10까지 숫자의 합을 구해 봅시다.

```
>>> print ("1부터 10까지의 합은", 1+2+3+4+5+6+7+8+9+10, "입니다")
1부터 10까지의 합은 55 입니다
>>>
```

06 · 인터프리터

지금까지는 한 줄짜리 코드만 입력했습니다. 하지만 세상 다른 모든 일처럼 한 줄로 일이 끝나는 경우는 거의 없습니다. 아래와 같이 여러 줄로 이루어진 다소 긴 소스 코드의 경우는 일일이 타이핑하기가 쉽지 않습니다.

```
from tkinter import *

root = Tk()
S = Scrollbar(root)
T = Text(root, height=4, width=60)
S.pack(side=RIGHT, fill=Y)
T.pack(side=LEFT, fill=Y)
S.config(command=T.yview)
T.config(yscrollcommand=S.set)
quote = """Tkinter는 Tcl/Tk에 대한 파이썬 Wrapper로서
Tcl/Tk를 파이썬에 사용할 수 있도록 한 Lightweight GUI
모듈이다. Tcl은 Tool Command Language의 약자로서 일종의
프로그래밍 언어이며, Tk는 크로스 플랫폼에 사용되는 일종의
GUI 플랫이다. Tkinter는 타 GUI 프레임워크나 툴킷에 비해
지원되는 위젯들이 부족하고 UI도 그렇게 예쁘지 않다는 단점이
있지만, Python 설치시 기본적으로 내장되어 있는 파이썬 표준
라이브러리이기 때문에 쉽고 간단한 GUI 프로그램을 만들 때
활용될 수 있다."""
T.insert(END, quote)
mainloop( )
```

▲ 긴 소스 코드

IDLE이 편리한 에러 수정 기능을 제공하지만 이와 같은 긴 코드의 경우 수정을 위해서는 편집 기능이 필요한데 한 줄씩 입력하고 실행 결과를 확인하기가 힘듭니다. IDLE에서 한 줄씩 명령어를 입력하고 실행하는 방식을 인터프리터 방식이라고 하는데 이와 달리 텍스트 편집기를 이용하여 명령어들을 파일에 저장한 후에 파일을 읽어서 명령어들을 하나씩 실행하는 방식을 스크립트 방식이라고 합니다. 이때 명령어들이 저장된 파일을 소스 파일(source file)이라고 부릅니다. 다음 그림에서 여러 개의 소스 파일을 볼 수 있습니다.

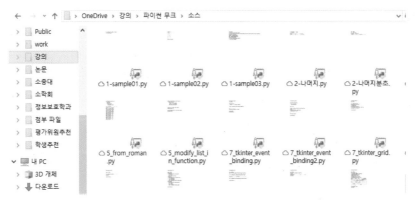

▲ 파이썬 소스 파일들

파이썬 IDLE에서 이 소스 파일을 작성하고 실행하는 방법을 알아 봅시다. 먼저 아래와 같이 소스 파일 작성을 위해 IDLE의 [File] – [New File]를 클릭하면 메모장처럼 입력가능한 빈 창이 나타납니다. 다음 그림처럼 코드를 입력해 봅시다.

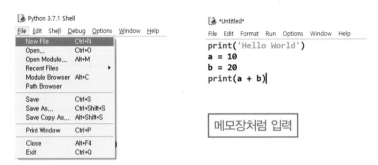

▲ 파이썬 코드 입력

입력이 끝난 소스 코드를 저장하기 위해서 IDLE의 [File] – [Save]을 클릭하면 윈도우의 일반적인 파일 저장 대화창이 떠서 저장을 원하는 디렉토리와 파일 이름을 지정하여 소스 파일을 저장할 수 있습니다. 이 경우는 test.py라는 이름으로 저장을 합니다. 이때 모든 파이썬의 소스 코드 파일은 파일 확장자가 .py입니다.

▲ 파이썬 코드 저장

소스 파일 저장이 끝나면 IDLE에서 실행 할 수 있습니다. IDLE의 [Run] – [Run Module]을 클릭하거나 F5키를 누르면 실행됩니다.

▲ 파이썬 코드 실행 단축키

개인적으로 단축키를 사용하는 것을 권장합니다. 실행이 완료되면 IDLE에서 다른 창을 하나 더 띄워서 아래와 같이 실행 화면을 볼 수 있습니다.

```
>>>
 RESTART: C:/Users/seunguk/AppData/Local/Programs/Python/Python37-32/test.py
Hello World
30
>>>
```

▲ 파이썬 코드 실행 화면

 실습3 ···

파이썬 IDLE을 사용하여 파이썬 코드를 〈3-1-3.py〉라는 이름으로 저장하고 실행해 봅시다.

```
print ("학번", 2018111001, "이름", "홍길동")
print ("1부터 10까지의 합은", 1+2+3+4+5+6+7+8+9+10, "입니다")
```

07·터틀 그래픽

지금까지는 IDLE 화면에 글자만 나왔습니다. 파이썬은 글자뿐 아니라 그림도 그릴 수 있습니다. 파이썬에서 그림을 그리는 여러 가지 방법이 있지만 지금은 시작이므로 간단하게 터틀 그래픽을 사용하여 그림을 그리는 방법을 배워 보도록 합시다. 터틀 그래픽은 화면에서 거북이(turtle, 터틀)를 이용하여서 그림을 그리는 기능입니다. 거북이 꼬리에 붓을 매달아서 거북이가 움직이는 대로 그림이 그려진다고 생각하면 됩니다.

▲ 터틀(출처: https://www.simplifiedpython.net/python-turtle-module/)

원래 Lego라는 교육용 프로그래밍 언어에서 처음 사용되었는데 파이썬에서도 사용하도록 도입되었습니다. 터틀 그래픽을 사용하기 위해 먼저 turtle 모듈을 임포트하는 명령어를 입력합니다.

```
import turtle
```

그리고 거북이 객체를 만드는 명령어를 입력합니다. 명령어가 좀 복잡하지만 일단 아래와 같이 입력하면 거북이 객체 t가 만들어 집니다.

```
t=turtle.Turtle()
```

두번째 문장을 실행한 후 IDLE은 Python Turtle Graphics라는 이름으로 터틀 그래픽 창을 하나 새로 띄워줍니다.

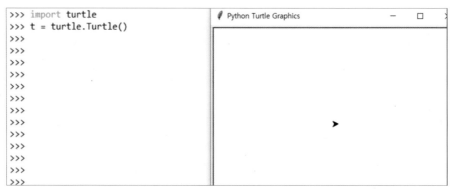

▲ 터틀 그래픽 초기 실행 화면

터틀 그래픽 창의 가운데에 화살표가 나타나는데 이것이 거북이입니다. 이제 이 거북이를 움직여 봅시다. 거북이를 전진시키기 위해서 forward 명령어를 사용하고, forward 명령어는 이동할 거리를 정해줘야 합니다. 괄호 안에 거북이가 이동할 거리를 픽셀 단위로 입력해 줍니다.

```
forward(거리)
```

여기서는 100 픽셀만큼 이동시키기 위해 t.forward(100)과 같이 거북이 객체에 명령을 입력합니다.

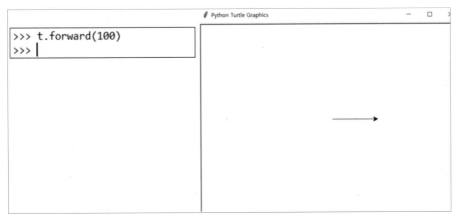

▲ 터틀 그래픽 forward() 실행 화면

실행 화면을 보면 거북이가 100 픽셀 전진을 하면서 선을 그린 것을 볼 수 있습니다.

이번에는 거북이를 회전을 시켜 봅시다. 먼저 왼쪽으로 회전을 시키는 명령어는 left입니다. 회전할 각도를 아래와 같이 괄호 안에 넣어줍니다.

```
left(각도)
```

여기서는 왼쪽으로 90도 회전을 시키기 위해서 t.left(90)과 같이 입력합니다.

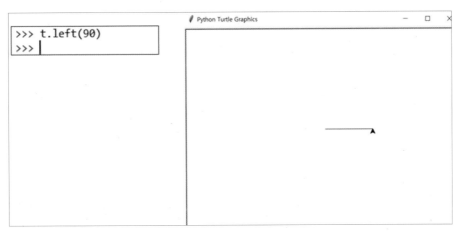

▲ 터틀 그래픽 left() 실행 화면

원래 거북이는 오른쪽을 보고 있었는데 왼쪽으로 90도 회전을 하면 그림과 같이 위를 보게 됩니다.

90도 회전

▶ ⟶ ▲

▲ 터틀 그래픽 화살표 회전

계속해서 거북이를 움직여 봅시다. 아래와 같이 forward 명령어와 left 명령어를 반복해서 입력합니다.

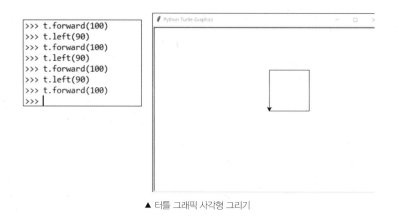

▲ 터틀 그래픽 사각형 그리기

명령을 통해 거북이가 사각형을 그린 것을 볼 수 있습니다. 사각형은 직각으로 연결된 4개의 직선으로 이루어졌으므로 forward 명령으로 그린 직선과 left 명령으로 직각으로 회전한 것을 4번 반복하면 사각형이 그려진다는 것을 쉽게 이해할 수 있습니다.

터틀 그래픽으로 원도 그릴 수 있습니다. 원은 circle 명령어로 쉽게 그릴 수 있습니다. 원은 반지름을 입력해 줘야 합니다. 아래에 반지름을 100으로 하는 원을 사각형 위에 겹쳐서 그렸습니다.

circle(반지름)

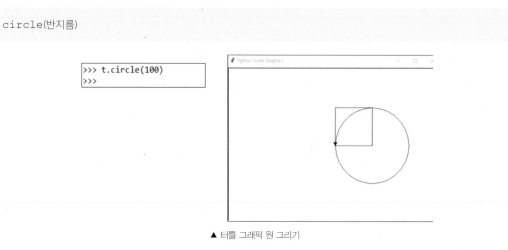

▲ 터틀 그래픽 원 그리기

아래에 터틀 그래픽 명령어를 표로 정리해 놓았습니다.

명령어	기능
t.forward(100)	100 픽셀 앞으로 이동
t.right(90)	오른쪽으로 90도 회전
t.left(45)	왼쪽으로 45도 회전
t.width(10)	선 두께 변경
t.color("blue")	선 색상 변경
t.shape("arrow")	거북이 모양 바꾸기, 변경 가능한 거북이 모양 "arrow", "turtle", "circle", "square", "triangle", "classic"
t.up()	펜 들기
t.down()	펜 내려놓기
t.circle(100)	반지름이 100인 원 그리기
t.goto(100,200)	좌표(100,200)으로 이동

 실습 4 ●●●

예제 프로그램에서는 터틀 그래픽으로 사각형과 원을 그려보았습니다. 이번에는 삼각형을 그려봅시다.

```
>>> import turtle
>>> t = turtle.Turtle()
>>> t.forward(100)
>>> t.left(120)
>>> t.forward(100)
>>> t.left(120)
>>> t.forward(100)
>>> t.left(120)
```

실행 결과는 아래 그림과 같습니다.

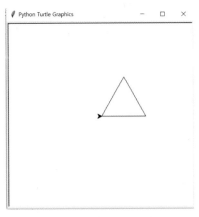

▲ 터틀 그래픽 삼각형 그리기

터틀 그래픽으로 무엇을 할 수 있을까요? 여러분에게 아이디어를 제공하기 위해 터틀 그래픽 설치를 하면 다양한 데모 프로그램을 실행해 볼 수 있습니다. [IDLE] – [Help] – [Turtle Demo] 메뉴에서 여러 가지 데모 프로그램을 실행해 봅시다. 아래는 시계 데모 프로그램을 실행한 화면입니다.

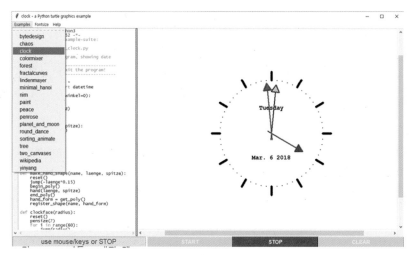

▲ 시계 데모 (clock) 프로그램

파이썬 변수, 숫자, 문자열

01 • 변수

파이썬에서 변수란 기본적으로 여러 값을 가질 수 있는 장소를 의미합니다. 변하는 수라는 의미에서 변수라고 정의하지만 변수는 숫자뿐만 아니라 문자도 포함하는 개념입니다. 변한다는 의미에서 이미 정해진 값이 아니며 사용자로부터 입력을 받아서 저장할 때나 결정되지 않은 중간값을 저장하는 공간으로서 활용됩니다. 컴퓨터 내부적으로 보면 변수는 컴퓨터 메모리 공간에 저장되며 컴퓨터 메모리에 있는 값(Value)을 참조하기 위한 이름입니다. 다음은 컴퓨터 메모리를 개념적으로 그린 것과 실제 물리적 메모리 사진입니다.

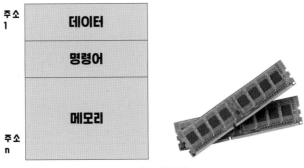

주소 1

데이터

명령어

메모리

주소 n

▲ 메모리 반도체

파이썬의 변수는 수학에서 'x = 5'와 같은 수식에서 x에 해당하는 것입니다. 변수는 사용 전에 반드시 값을 할당(assign)해야 합니다. 변수에 값을 할당하기 위해 =을 사용합니다.

```
x=5
```

이렇게 변수에 값을 할당한 후 print(x)와 같은 명령을 입력하면 x의 값이 5이기 때문에 5를 출력합니다.

```
>>> x = 5
>>> print(x)
5
>>>
```

▲ 변수 할당

print(x)와 같이 변수 x를 사용하기 전에 변수 x는 반드시 값이 할당 되어 있어야 한다고 했는데 만약 변수 y에 아무 값도 할당 되지 않은 상태에서 사용을 하려고 하면 에러가 납니다.

```
>>> x = 5
>>> print(x)
5
>>> print(y)
Traceback (most recent call last):
  File "<pyshell#2>", line 1, in <module>
    print(y)
NameError: name 'y' is not defined
>>> |
```

y의 값이 정해지지않아 반성하는 에러

▲ 변수 사용 에러

변수는 = 기호의 왼쪽뿐 아니라 오른쪽에도 올 수 있습니다. 단, 이 경우에는 미리 값이 할당 되어 있어야 합니다. 위 예제(x = 5)와 같이 할당 기호의 왼쪽에 변수가 오는 경우에는 변수에 5라는 숫자값을 할당했지만 할당 기호의 오른쪽에 변수가 오는 경우에는 그 변수의 값을 참조하여 사용합니다.

CHAPTER 03 파이썬 프로그래밍

다음 예제를 봅시다.

```
>>> a = 7
>>> print(a)
7
>>> b = a
>>> print(b)
7
```

여기서는 b=a 명령으로 b 변수에 a 변수의 값을 할당한 경우입니다. a 변수가 오른쪽에 있는 경우로 a 변수의 값을 참조하여 b 변수의 값이 7로 할당된 것을 알 수 있습니다.

동일한 변수가 =의 양쪽에 나오는 경우엔 오른쪽 값을 참조하여 왼쪽에 할당하는 식으로 연산이 됩니다. 아래 예제를 보겠습니다.

```
>>> a = 10
>>> a = a + 1
>>> print(a)
11
```

a 변수가 할당 기호 양쪽에 있습니다. 오른쪽의 a 값은 이전에 10으로 할당이 되어있기 때문에 a+1은 10+1로 계산이 되어 왼쪽 a 값에 11이 할당이 되는 것을 알 수 있습니다.

파이썬은 연속된 값 할당이 가능합니다. 다음 그림을 보면 왼쪽과 오른쪽은 동일하다는 것을 알 수 있습니다.

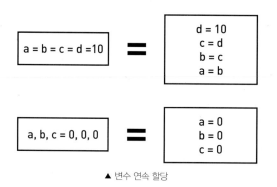

▲ 변수 연속 할당

파이썬 변수 이름을 정할 때 다음과 같은 규칙이 있습니다.

첫 글자에는 영어 대소문자(a~z, A~Z)와 언더스코어(_)만 사용 가능합니다. 즉, 이름은 숫자로 시작할 수 없고 두 번째 글자부터는 영어 대소문자(a~z, A~Z)와 숫자(0~9)와 언더스코어(_)의 어떠한 조합이든지 사용 가능합니다. 마지막으로 이름은 대소문자를 구별합니다.

대소문자를 구별하기 때문에 아래 소스 코드에선 200이 아니라 110을 출력합니다.

```
>>> a = 10
>>> A = 100
>>> a = a + A
>>> print(a)
110
```

관례적으로 변수 이름에 언더스코어(_)를 사용하여 의미를 나타내는 경우가 많습니다. 예를 들어 my_new_car처럼 단어 구분을 하는 것입니다. 이 경우 대소문자가 구별이 되기 때문에 myNewCar 와 같은 식으로 써도 상관 없습니다. 어느 방식을 택하든지 일관성만 있으면 됩니다.

아래 단어들은 변수 이름을 정하는 규칙에 위배되지는 않지만 파이썬 내부적으로 사용되기 때문에 변수 이름으로 사용할 수 없는 예약어입니다.

```
False None True and as assert break class continue def del elif else except finally
for from global if import in is lambda nonlocal not or pass raise return try while
with yield
```

02 · 문자열

파이썬의 변수에는 숫자 뿐만 아니라 문자열도 저장할 수 있습니다. 문자열은 따옴표로 싸여지는데 큰따옴표("), 작은 따옴표(') 모두 문자열에서 사용 가능합니다.

```
>>>title="연교수"
>>>location="서울 노원구 공릉동"
```

title 변수에 "연교수"라는 문자열 값을 할당했습니다.

```
>>> name = "연승욱"
>>> print(name)
연승욱
>>> name = '홍길동'
>>> print(name)
홍길동
>>>
```

위의 소스 코드에서 "연승욱"은 큰따옴표를 사용했고, '홍길동'은 작은 따옴표를 사용했습니다.

따옴표 자체를 출력하기 위해선 역슬래쉬(\)를 사용하든지 다른 종류의 따옴표로 묶어주면 됩니다. 예를 들어 I love "you"를 출력하기 위해서 아래 두가지 방법 중의 하나를 이용합니다.

```
>>> print ("I love \"you\"")
I love "you"
>>>
>>> print ('I love "you"')
I love "you"
>>>
```

▲ 문자열 따옴표 출력 방법1

첫 번째는 큰따옴표 앞에 역슬래쉬(\)를 붙여주었고 두 번째는 I love "you" 전체 문장을 작은 따옴표로 묶어주었습니다. 아래는 다른 종류의 따옴표로 묶어준 예제입니다.

```
>>> "작은 따옴표는 ' 모양입니다"
"작은 따옴표는 ' 모양입니다"
>>>
>>> '큰 따옴표는 " 모양입니다'
'큰 따옴표는 " 모양입니다'
>>> |
```

▲ 문자열 따옴표 출력 방법2

줄을 바꾸어서 출력하려면 개행문자(\n)를 사용합니다.

```
>>> print("how are you? " + "fine, thank you")
how are you? fine, thank you
>>> print("how are you?\n" + "fine, thank you")
how are you?
fine, thank you
>>>
```

▲ 문자열 개행문자 사용

여러 줄 입력을 하려면 큰따옴표를 세 개 연속으로(""") 문자열 앞뒤에 사용합니다.

```
>>> print("""How
are
you
""")
How
are
you

>>> |
```

▲ 문자열 여러 줄 입력 방법

숫자 연산에서 덧셈(+)과 곱셈(*)이 가능하듯이 문자열에서도 덧셈(+)과 곱셈(*)을 할 수 있습니다. 물론 이 경우 숫자와 연산과는 좀 다릅니다. 문자열의 덧셈은 두 개의 문자열을 결합하는 것입니다. 그렇기 때문에 문자열에 대해서는 +를 결합 연산자라고 합니다. 결합은 두 개 이상도 가능합니다. 예제를 살펴보면 apple과 banana가 결합하여 applebanana가 되었고, i와 love와 you가 결합하여 iloveyou가 되었습니다.

```
>>> "apple" + "banana"
'applebanana'
>>> "i" + "love" + "you"
'iloveyou'
>>> |
```

▲ 문자열 결합 연산자(+)

문자열의 곱셈은 문자열을 복제하는 것입니다. 문자열*3은 문자열을 3번 반복한다는 의미입니다.

```
>>> "apple"*3
'appleappleapple'
>>>
```

▲ 문자열 복제 연산(*)

다음과 같은 네 가지 경우에 대해서 어떤 결과가 나올지 생각해 봅니다.

"3" + "4"

"3" + 4

"3" * 4

 3 * "4"

```
>>> "i" + "love" + "you"
'iloveyou'
>>> "3" + "4"
'34'
>>> "3" + 4
Traceback (most recent call last):
  File "<pyshell#15>", line 1, in <module>
    "3" + 4
TypeError: can only concatenate str (not "int") to str
>>> "3" * 4
'3333'
>>> 3 * "4"
'444'
>>> |
```

▲ 문자열 다양한 연산 예

위의 실행 화면을 살펴보면 두 번째 경우만 에러가 발생하고, 나머지는 문자열에 대해서 결합 연산과 복제 연산이 제대로 이루어진 것을 볼 수 있습니다. 에러가 발생하는 이유는 문자열과 숫자를 더하려고 하는 연산 때문입니다. 이 경우는 초보자들이 가장 많이 실수하는 경우입니다. 문자열은 문자열끼리 숫자는 숫자끼리만 덧셈이 되는 것을 잊지 마세요.

03 • 산술 연산자

산술 연산자를 본격적으로 살펴보도록 하겠습니다.

산술 연산자	설명	사용 예
=	대입 연산자	a=6
+	더하기	a=6+7
−	빼기	a=6−7
*	곱하기	a=6*7
/	나누기	a=6/7
//	나누기(몫)	a=6//7
%	나누기(나머지)	a=6%7
**	제곱	a=6**7

더하기, 빼기, 곱하기는 직관적으로 의미를 알 수 있지만 나누기(/)와 나머지(%)의 경우에는 추가적으로 설명이 필요로 합니다. 우선, 나누기 연산자 /는 1개만 사용하면 나눗셈 결과가 실수(소수점이 있는 숫자)가 되는 것이고, //를 2개를 사용하면 나눗셈 결과가 정수가 됩니다.

```
>>>5/4
1.25

>>>5//4
1
```

나머지 연산자(%)는 나눗셈의 나머지를 의미합니다. //가 나눗셈의 몫을 의미하는 것과 대비하여 생각하는 것이 좋습니다. 예를 들어 19를 4로 나누었을 때 몫은 4가 되고 나머지는 3이 되는 것입니다.

```
>>> 19 // 4
4
>>> 19 % 4
3
>>> |
```

▲ 나누기와 나머지 연산자

나머지 연산자(%)를 사용하는 몇 가지 예를 들어봅시다. 먼저 짝수와 홀수를 구분할 때 사용합니다. 숫자%2의 결과가 0이면 짝수이고, 1이면 홀수입니다.

```
>>> a = 10
>>> a % 2
0
>>> a = 7
>>> a % 2
1
>>> |
```

▲ 나머지 연산자 사용 예

다음으로 입력된 시간을 분과 초로 변환할 때 사용할 수 있습니다. 1000초가 몇 분인지 알려면 1분이 60초라는 것을 적용해 60으로 나눕니다. 그럼 몫이 분이고 나머지가 남은 초로 계산합니다.

```
sec=1000
min=1000//60
remainder=1000%60
print(sec, "초=", min, "분", remainder, "초")
```

```
1000 초는 16 분 40 초이다
>>>
```

04 · input

본격적으로 다양한 예제를 다루기 위해 사용자의 입력을 받는 방법에 대해서 알아보도록 하겠습니다. 파이썬에서 사용자의 입력을 받기 위해서 input을 사용합니다.

```
string = input([prompt])
```

input은 prompt가 인자로 주어지면 사용자에게 표시한 후 사용자 입력을 기다리고 입력된 값을 반환합니다. 아래 예제 화면을 봅시다.

```
>>> x = input()
abc
>>> print(x)
abc
>>> name = input('이름은? ')
이름은? 홍길동
>>> print(name)
홍길동
>>> |
```

▲ 사용자 입력 받기(input)

코드의 첫 번째 줄에서 input은 prompt가 없기 때문에 사용자가 바로 abc를 입력하고 입력된 값을 변수 x에 할당하였습니다. 두 번째 코드는 prompt로 '이름은?'을 사용자에게 제시하여 사용자가 이름을 입력하게 유도한 후 입력된 값을 name 변수에 할당했습니다.

input 사용 시 주의할 점은 사용자가 입력한 값은 모두 문자열로 취급된다는 것입니다. 아래 예제에서 숫자값을 입력해도 문자로 처리된다는 점에 유의해야 합니다.

```
>>> input("첫번째 숫자를 입력하세요: ")
첫번째 숫자를 입력하세요: 100
'100'
>>> x = input("첫번째 숫자를 입력하세요: ")
첫번째 숫자를 입력하세요: 100
>>> print (x)
100
>>> |
```

▲ 사용자 입력은 문자열1

여기서 x 변수에 100이 할당되었지만 이는 문자열 '100'이지 숫자 100이 아닙니다. 이렇게 봐서는 숫자 100인지 문자열 '100'인지 알 수가 없지만 아래 예제를 보면 차이점을 확인할 수 있습니다. x 변수와 y 변수에 각각 100과 200을 입력하여 할당했지만, 이는 문자열 '100'과 '200'이기 때문에 덧셈(+) 연산자는 결합 연산자가 되어서 sum 변수에 '100200'을 할당하게 됩니다.

```
>>> x = input("첫번째 숫자를 입력하세요: ")
첫번째 숫자를 입력하세요: 100
>>> y = input("두번째 숫자를 입력하세요: ")
두번째 숫자를 입력하세요: 200
>>> sum = x + y
>>> print(sum)
100200
>>>
```

▲ 사용자 입력은 문자열2

그렇다면 사용자가 100을 입력할 때 숫자 100으로 할당을 하려면 어떻게 해야 할까요? 이런 경우에는 int()와 input()을 함께 사용해야 합니다. 먼저 아래 문법과 같이 int()는 인자로 주어진 값을 정수값으로 변환합니다.

```
intValue = int(숫자 또는 문자열)
```

아래 예제를 보면 intA는 int(10.5)에서 실수 10.5가 정수 10으로 변환되어서 할당이 되었고, intB는 문자열 '100'을 숫자 100으로 변환이 되어 할당이 된 것을 알 수 있습니다.

```
>>> intA = int(10.5)
>>> print(intA)
10
>>> intB = int('100')
>>> print(intB)
100
>>>
```

▲ 문자열을 정수로 변환(int)

또한, 사용자 입력값을 정수로 받으려면 input과 int를 아래와 같이 사용하면 됩니다.

```
intValue = int(input([prompt]))
```

예제를 보면 intC는 int(input())을 사용하여 사용자가 입력한 100을 정수 100으로 할당이 된 것을 확인할 수 있습니다.

```
>>> intC = int(input('정수값?'))
정수값?100
>>> type(intC)
<class 'int'>            type()으로 변수 종류 확인
>>> print(intC)
100
>>>
```

▲ 사용자 입력을 정수로 받는 방법

정수 입력을 받는 방법을 알았으니 위의 예제를 수정해 봅시다.

```
>>> x = int(input("첫번째 숫자를 입력하세요: "))
첫번째 숫자를 입력하세요: 100
>>> y = int(input("두번째 숫자를 입력하세요: "))
두번째 숫자를 입력하세요: 200
>>> sum = x + y
>>> print(sum)
300
>>> |
```

▲ 사용자 입력을 정수로 받아서 더하는 예제

 실습1 ┄┄┄

1년은 365일입니다. 아래 실행 화면처럼 1년이 몇 주인지 계산하는 프로그램을 만들어 봅시다.

```
일년은   365 일이고 52 주입니다
>>> |
```

▲ 1년이 몇 주인지 계산하는 프로그램 실행 화면

다음은 프로그램 실행 소스 코드입니다.

〈3-2-1.py〉

```
year = days = 365
weeks = days // 7
print ("일년은 ", days, "일이고", weeks, "주입니다")
```

 실습2 ┄┄┄

간단하게 사칙연산을 하는 계산기 프로그램을 만들어 봅시다.

```
첫번째 숫자를 입력하세요:30
두번째 숫자를 입력하세요:50
30 + 50 = 80
30 - 50 = -20
30 * 50 = 1500
30 / 50 = 0.6
```

▲ 사칙연산 계산기 프로그램 실행 화면

다음은 프로그램 실행 소스 코드입니다.

〈3-2-2.py〉

```
a=int(input("첫번째 숫자를 입력하세요:"))
b=int(input("두번째 숫자를 입력하세요:"))
result=a+b
print(a ,"+",b ,"=", result)
```

```
result=a-b
print(a,"-",b,"=",result)
result=a*b
print(a,"*",b,"=",result)
result=a/b
print(a,"/",b,"=",result)
```

◆◆ 실습3 ....

사용자에게 원의 반지름을 입력받아 원의 면적을 계산하는 프로그램을 만들어 봅시다. 원의 면적을
계산하는 수학 공식은 아래와 같습니다.

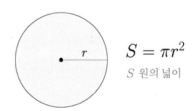

$$S = \pi r^2$$

S 원의 넓이

▲ 원의 넓이 공식 (출처 : 대한수학회)

다음은 실행 화면과 프로그램 실행 소스 코드입니다.

```
반지름:5
반지름이  5 인 원의 면적은  78.53975 입니다
>>>
```

▲ 원 면적 계산기 프로그램 실행 화면

〈3-2-3.py〉

```
pi = 3.14159
r = int(input("반지름:"))
s = pi * r * r
print("반지름이 ", r, "인 원의 면적은 ", s, "입니다")
```

◆◆ 실습 4 ·····

사용자에게 국어, 영어, 수학, 과학 점수를 입력받아 평균을 구하는 프로그램을 만들어 봅시다.

```
국어 점수:100
영어 점수:90
수학 점수:80
과학 점수:95
성적 평균은 91.25 입니다
>>>
```

▲ 성적 평균 구하는 프로그램 실행 화면

다음은 프로그램 실행 소스 코드입니다.

〈3-2-4.py〉

```python
s1 = int(input("국어 점수:"))
s2 = int(input("영어 점수:"))
s3 = int(input("수학 점수:"))
s4 = int(input("과학 점수:"))

avg = (s1 + s2 + s3 + s4) / 4

print("성적 평균은", avg, "입니다")
```

◆◆ 실습 5 ·····

물품 구매 총액을 입력했을 때 부가가치세(우리나라의 부가가치세는 10%)를 계산하는 프로그램을
만들어 봅시다.

```
구매 총액: 25000
구매 총액 25000 원의 부가가치세는 2500.0 원입니다.
>>>
```

▲ 부가가치세 구하는 프로그램 실행 화면

다음은 프로그램 실행 소스 코드입니다.

〈3-2-5.py〉

```python
total = int(input("구매 총액: "))
vat = total * 0.10
print("구매 총액", total, "원의 부가가치세는", vat, "원입니다.")
```

05 · 슬라이싱

컴퓨터 프로그램은 숫자만 다루지 않습니다. 사용자는 사람이기 때문에 텍스트 문자열을 다룰 일이 더 많고, 사람은 숫자보다 문자를 더 쉽게 인식합니다. 이번에는 사용자가 입력한 문자열을 처리하는 방법 중 슬라이싱에 대해서 알아보겠습니다. 슬라이싱이란 문자열에서 부분 문자열을 추출하는 방법입니다.

먼저 한 글자를 추출하는 방법입니다. 한 글자를 추출하기 위해 문자열 이름 뒤에 대괄호[ ]와 첨자를 지정합니다.

```
chr = string[index]
```

이때 첨자는 왼쪽 첫 번째부터 0, 1, 2, … 순으로 진행하고, 오른쪽 끝은 −1, −2, −3, … 순으로 진행합니다. 주의할 점은 시작점이 1이 아니라 0이라는 것입니다. 아래 예제를 살펴봅시다.

```
>>> alphabet='abcdefghijklmnopqrstuvwxyz'
>>> alphabet
'abcdefghijklmnopqrstuvwxyz'
>>> alphabet[0]
'a'
>>> alphabet[1]
'b'
>>> alphabet[-1]
'z'
>>> alphabet[-2]
'y'
>>> alphabet[25]
'z'
```

alphabet은 26개의 영문소문자로 이루어진 문자열 변수입니다. 왼쪽 첫 번째가 0이기 때문에 alphabet[0]은 a이고 alphabet[1]은 b이 됩니다. 오른쪽 끝은 첨자가 −1이기 때문에 alphabet[−1]은 z입니다.

다음으로 부분 문자열을 추출하기 위해서는 문자열 이름 뒤에 대괄호([ ])와 시작, 끝을 지정합니다 (이중 일부 생략 가능). 이때 부분 문자열은 시작부터 (끝−1)까지 추출이 됩니다. 주의할 점은 끝이 아니고 (끝−1)까지 추출을 한다는 점입니다. 시작 또는 끝을 생략할 수 있고 심지어 둘 다 생략할 수도 있습니다. 단, 중간에 콜론(:)은 남겨놔야 합니다.

```
sub_string = string[start:end]
```

아래 예제를 봅시다.

```
>>> alphabet
'abcdefghijklmnopqrstuvwxyz'
>>> alphabet[20:]
'uvwxyz'
>>> alphabet[10:]
'klmnopqrstuvwxyz'
>>> alphabet[12:15]
'mno'
>>> alphabet[-3:]
'xyz'
>>> alphabet[:5]
'abcde'
>>> alphabet[:]
'abcdefghijklmnopqrstuvwxyz'
```

alphabet[12:15]은 시작 첨자가 12번(m)이고 끝 첨자가 15번이기 때문에 15-1인 14번(o)까지 추출하면 부분 문자열은 'mno'가 됩니다. alphabet[20:]과 같이 시작 첨자만 있고 끝은 생략이 되면 시작 위치(u)부터 문자열의 끝까지(z)를 추출이 되어서 'uvwxyz'가 됩니다. 반대로 alphabet[:5]와 같이 시작이 없고 끝만 있으면 시작(a)부터 5-1=4번(e)까지 추출이 되어서 'abcde'가 됩니다. 시작과 끝 없이 alphabet[:]와 같이 하면 전체 문자열이 추출됩니다.

문자열 슬라이싱 이외에도 문자열이 총 몇 글자로 이루어져 있는지, 어떤 문자열을 포함하고 있는지, 몇 번째 글자가 무엇인지, 대소문자 변환은 어떻게 하는지 등을 알아내는 파이썬 문자열 처리 함수들을 아래 표로 정리해 보았습니다.

함수	기능
len(s)	문자열의 글자 수 반환
capitalize()	첫 글자를 대문자로 만들기
upper()	소문자 → 대문자
lower()	대문자 → 소문자
swapcase()	소문자 → 대문자, 대문자 → 소문자
count(s)	문자열 중 s와 일치하는 갯수
index(s)	문자열 중 s가 처음으로 나온 위치를 반환(없으면 에러)

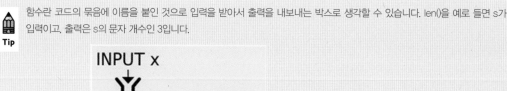

함수란 코드의 묶음에 이름을 붙인 것으로 입력을 받아서 출력을 내보내는 박스로 생각할 수 있습니다. len()을 예로 들면 s가 입력이고, 출력은 s의 문자 개수인 3입니다.

Tip

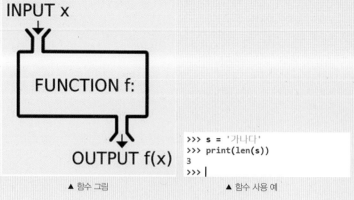

INPUT x

FUNCTION f:

OUTPUT f(x)

```
>>> s = '가나다'
>>> print(len(s))
3
>>> |
```

▲ 함수 그림　　　　　　　　　　▲ 함수 사용 예

조건과 반복

01 ◆ 제어 구조

프로그래밍을 하다 보면 아주 간단한 프로그램도 의사 결정을 할 때가 많습니다. 파이썬에서 의사 결정을 하기 위해 제어 구조를 알아야 합니다. 기본적으로 제어 구조는 순차형, 선택형, 반복형이 있습니다. 이번 장에서는 선택형과 반복형 제어 구조를 통해 조건과 반복을 처리하는 방법을 각각 배워 보도록 하겠습니다.

제어 구조란 프로그램의 처리 흐름을 제어하는 방법을 의미하는데 파이썬과 같은 프로그램에서는 3가지 제어 구조가 존재합니다.

- 순차형(순차 구조)
- 선택형(분기 구조)
- 반복형(반복 구조)

순차형(sequence)은 명령어들이 순차적으로 실행되는 구조로 가장 단순한 제어 구조입니다. 지금까지 보아왔던 예제들이 이에 해당합니다. 선택형(selection)은 두 개 중에서 하나의 명령어를 선택하여 실행하는 구조로서 조건 구조라고도 합니다. 반복형(iteration)은 동일한 명령이 반복되면서 실행되는 구조입니다.

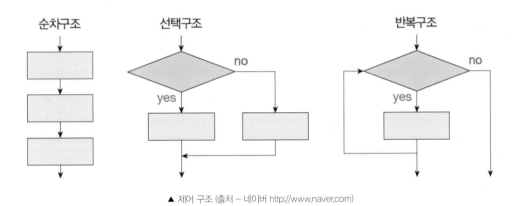

▲ 제어 구조 (출처 – 네이버 http://www.naver.com)

02 • if 문

프로그램 내부에서 선택을 해야 할 경우에는 선택형 제어 구조를 사용해야 합니다. 이때 사용하는 명령문입니다. if 문의 구조를 그림으로 요약하여 표현하면 아래와 같습니다.

▲ if 조건식 제어구조

이 코드는 조건식이 참이면 문장을 실행하라는 제어 구조입니다. 먼저 다음 문장을 살펴 봅시다.

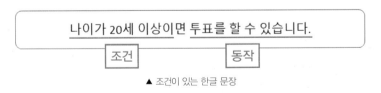

▲ 조건이 있는 한글 문장

나이가 20세 이상이라는 조건이 참인지 거짓인지에 따라 투표를 할 수 있느냐 없느냐가 갈립니다. 조건에 해당하는 부분이 "나이가 20세 이상이면"이라는 문장이고 이는 "age >= 20"과 같이 수식으로 표현할 수 있습니다. 만약 나이가 21세면 위 조건식은 참이 되고 나이가 19세면 거짓이 되는 것입니다.

이 문장을 그대로 파이썬 코드로 옮겨보겠습니다.

```
>>> age = 25
>>> if age >= 20:
        print("투표를 할 수 있습니다.")


투표를 할 수 있습니다.
>>>
```

▲ if 조건식 예

if 문 실행 전에 age 변수에 25 값이 할당(나이가 25세)되어 있기 때문에 "투표를 할 수 있습니다."
라고 출력을 합니다.

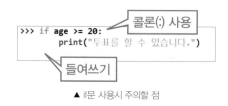

▲ if문 사용시 주의할 점

if 문 사용 시 2가지 주의할 점이 있습니다. 첫 번째는 조건식 뒤에 콜론(:)을 꼭 사용해야 합니다. if와
콜론(:) 사이의 문장이 조건식이 됩니다. 두 번째는 실행할 문장은 들여쓰기를 반드시 해야 합니다. 파
이썬은 들여쓰기에 아주 민감한 언어이기 때문에 들여쓰기로 블록 구분을 합니다. 블록이란 문장을
묶어놓은 단위를 말합니다. 들여쓰기는 보통 공백 4개 또는 탭 키를 사용하는데 동일 블록의 들여쓰
기는 동일 개수의 탭이나 공백이 있어야 합니다. 아래 예제를 보면 들여쓰기의 개수가 첫 번째 print 문
은 공백이 4개인데 두 번째 print 문의 경우 공백 5개를 사용해서 에러가 난 것을 볼 수 있습니다.

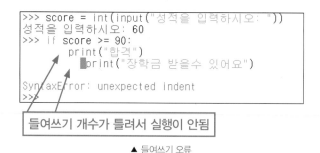

▲ 들여쓰기 오류

만약 블록이 서로 다른 경우엔 들여쓰기 개수가 달라도 동작은 하지만 이런 경우는 권장하지 않습니다.

```
>>> if score >= 90:
        print("합격")
else:
  print("불합격")


불합격
>>>
```

▲ 권장하지 않는 들여쓰기 예

```
if 조건식:
        실행할 문장1
else:
        실행할 문장2
```

▲ if ~ else 조건식 제어 구조

이 소스 코드는 조건식이 참이면 문장 1을 실행하고, 거짓이면 문장 2를 실행하라는 제어 구조입니다. 아래 예제를 살펴봅시다.

```
>>> age = 25
>>> if age >= 20:
        print("투표를 할 수 있습니다.")
else:
        print("투표를 할 수 없습니다.")

투표를 할 수 있습니다.
>>> age = 19
>>> if age >= 20:
        print("투표를 할 수 있습니다.")
else:
        print("투표를 할 수 없습니다.")

투표를 할 수 없습니다.
>>>
```

▲ if ~ else 문 예제

처음에는 age가 25였기 때문에 age >= 20 조건이 참이 되어 투표를 할 수 있습니다가 출력되지만 age를 19로 변경한 후엔 age >= 20 조건이 거짓이 되어 else: 이하에 있는 문장이 실행되어 투표를 할 수 없습니다가 출력됩니다.

```
if 조건식1:
        실행할 문장1
elif 조건식2:
        실행할 문장2
elif 조건식3:
        실행할 문장3
else:
        실행할 문장4
```

조건식이 여러 개일 때는 if ~ elif ~ else 문을 사용하면 좋습니다. 처음 조건식이 참이면 문장 1을 실행하고 두 번째 조건식이 참이면 문장 2를 실행하고 세 번째 조건식이 참이면 문장 3을 실행하고 이외의 경우에는 문장 4를 실행하라는 제어 구조입니다. 아래 예제는 성적(score) 변수의 값에 따라 성적 등급을 출력하는 코드입니다.

```
>>> score = 99
>>> if score >= 90:
        print("성적은 A등급입니다")
elif score >= 80:
        print("성적은 B등급입니다")
elif score >= 70:
        print("성적은 C등급입니다")
elif score >= 60:
        print("성적은 D등급입니다")
else:
        print("성적은 F등급입니다")

성적은 A등급입니다
>>>
```

▲ if ~ elif ~ else 문 예제 – 성적 99

성적이 99인 경우엔 A등급이 출력되고 85인 경우 B등급, 75인 경우엔 C등급이 출력됩니다.

```
>>> score = 85
>>> if score >= 90:
        print("성적은 A등급입니다")
elif score >= 80:
        print("성적은 B등급입니다")
elif score >= 70:
        print("성적은 C등급입니다")
elif score >= 60:
        print("성적은 D등급입니다")
else:
        print("성적은 F등급입니다")

성적은 B등급입니다
```

▲ if ~ elif ~ else 문 예제 – 성적 85

```
>>> score = 75
>>> if score >= 90:
        print("성적은 A등급입니다")
elif score >= 80:
        print("성적은 B등급입니다")
elif score >= 70:
        print("성적은 C등급입니다")
elif score >= 60:
        print("성적은 D등급입니다")
else:
        print("성적은 F등급입니다")

성적은 C등급입니다
>>>
```

▲ if ~ elif ~ else 문 예제 – 성적 75

```
if 조건식1:
        if 조건식2:
                실행할 문장1
        else:
                실행할 문장2
else:
        실행할 문장3
```

if 문 안에 다른 if 문이 들어갈 수도 있는데 이것을 중첩 if 문이라고 합니다. 처음의 조건식1이 참이면 조건식2를 다시 체크하고 참인 경우 문장1이 실행되고, 거짓이면 문장2가 실행됩니다. 처음 조건식1이 거짓인 경우엔 문장3이 실행됩니다.

```
>>> age = 11
>>> height = 160
>>> if age >= 10:
        if height >= 150:
                print("놀이기구 탈 수 있습니다")
        else:
                print("놀이기구 탈 수 없습니다")
else:
        print("놀이기구 탈 수 없습니다")

놀이기구 탈 수 있습니다
>>>
```

▲ 중첩 if 문 첫 번째 예제

이 예제에선 처음 age값이 11이어서 첫 번째 조건식(age >= 10)이 참이 되고 안쪽의 if 문의 두 번째 조건식(height >= 150)을 체크합니다. height가 160으로 역시 참이기 때문에 놀이기구 탈 수 있습니다를 출력합니다.

```
>>> height = 140
>>> if age >= 10:
        if height >= 150:
                print("놀이기구 탈 수 있습니다")
        else:
                print("놀이기구 탈 수 없습니다")
else:
        print("놀이기구 탈 수 없습니다")

놀이기구 탈 수 없습니다
>>>
```

▲ 중첩 if 문 두 번째 예제

```
>>> age = 9
>>> if age >= 10:
        if height >= 150:
                print("놀이기구 탈 수 있습니다")
        else:
                print("놀이기구 탈 수 없습니다")
else:
        print("놀이기구 탈 수 없습니다")

놀이기구 탈 수 없습니다
>>>
```

▲ 중첩 if 문 세 번째 예제

하지만 두 번째는 height가 140으로 안쪽의 if의 조건식이 거짓이 되어서 놀이기구 탈 수 없습니다를 출력합니다. 마지막 경우엔 age가 9로 처음의 조건식이 거짓이 되어서 놀이기구 탈 수 없습니다를 출력합니다.

03 ◆ 연산자

조건식에 사용되는 연산자는 관계 연산자와 논리 연산자가 있습니다. 먼저 관계 연산자는 두 개의 피연산자를 서로 큰지, 작은지, 같은지를 비교하는 연산자이고, 그에 따른 결과는 참(True) 또는 거짓(False)입니다. 아래 관계 연산자를 표로 정리하였습니다.

관계 연산자	의미
==	같다
!=	같지 않다
〉	크다
〈	작다
〉=	크거나 같다
〈=	작거나 같다

여기서 주의해야 할 연산자는 == 연산자입니다. = 기호가 한 개 있는 경우엔 대입 연산자이지만 두 개가 중첩해서 있으면 값이 같은지 비교하는 관계 연산자입니다.

초보자의 경우 if x==y를 if x=y로 잘못 쓰지 않도록 주의해야 합니다.

사용자에게 숫자를 입력받아서 홀수인지 짝수인지를 판단해 출력하는 예제를 살펴봅니다.

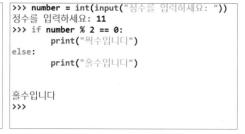

```
>>> number = int(input("정수를 입력하세요: "))
정수를 입력하세요: 20
>>> if number % 2 == 0:
        print("짝수입니다")
else:
        print("홀수입니다")

짝수입니다
>>> |
```

```
>>> number = int(input("정수를 입력하세요: "))
정수를 입력하세요: 11
>>> if number % 2 == 0:
        print("짝수입니다")
else:
        print("홀수입니다")

홀수입니다
>>>
```

▲ 홀짝 판단 예제 – 짝수   ▲ 홀짝 판단 예제 – 홀수

앞에서 배운 나머지 연산자(%)와 == 연산자를 활용합니다. 2로 나누어서 나머지가 0이면 나누어 떨어지는 것이니 짝수인 것으로 판단합니다.

논리 연산자는 여러 가지 조건을 복합해야 할 때 사용합니다. 부울 연산(and, or, not)으로 조건이 둘 다 참인지, 하나만 참인지, 부정인지 판단할 때 사용합니다.

논리 연산자	설명	사용 예
and	둘 다 참이어야 함	(a〈50) and (a〉100)
or	둘 중 하나만 참이어도 참	(a〈50) or (a〉100)
not	참이면 거짓, 거짓이면 참	not(a==100)

중첩 if 문을 사용한 놀이기구 예제를 논리 연산자 and를 사용해서 다시 작성해 봅시다.

```
>>> age = 12
>>> height = 160
>>> if age >= 10 and height >= 150:
        print("놀이기구 탈 수 있습니다")
else:
        print("놀이기구 탈 수 없습니다")


놀이기구 탈 수 있습니다
>>>
```

▲ 논리 연산자 and 사용 예제

 실습1 •••

보물상자에 비밀번호가 걸려있습니다. 사용자에게 비밀번호를 입력받아서 미리 정해놓은 비밀번호 (1234)와 일치하면 "상자가 열렸습니다, 보물획득"을 출력하고, 틀리면 "비밀번호가 틀렸습니다"를 출력하는 프로그램을 작성해 봅시다.

〈3-3-1.py〉

```
passwd=1234
a=int(input(" 비밀번호를 입력하세요:"))
If passwd == a :
        print("상자가 열렸습니다, 보물획득")
else:
        print("비밀번호가 틀렸습니다")
```

왼쪽은 성공할 경우 실행 화면이고, 오른쪽은 실패할 경우 실행 화면입니다.

```
비밀번호를 입력하세요:1234        비밀번호를 입력하세요:1111
상자가 열렸습니다, 보물획득        비밀번호가 틀렸습니다
>>>                               >>>
```

▲ 보물상자 비밀번호 체크 프로그램 실행 화면

04 • 반복문

프로그램에서 반복(iteration)은 동일한 문장을 여러 번 반복하는 제어 구조입니다. 사람은 똑같은 일을 몇 번 이상 반복하게 되면 실수할 가능성이 있지만, 컴퓨터는 사람과 다르게 실수없이 무한 반복이 가능합니다. 파이썬에서 반복은 조건 제어 반복과 횟수 제어 반복이 있습니다. 조건 제어 반복(while 문)은 특정 조건이 만족하면 계속 반복하는 것으로서 처음에 몇 번 반복할지 모를 때 사용합니다. 이에 반해 횟수 제어 반복(for 문)은 정해진 횟수만큼 반복하는 것으로서 반복하기 전에 반복의 횟수를 미리 알고 있는 경우에 사용합니다. 반복문의 문법을 정의하면 다음과 같습니다.

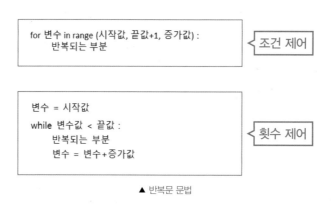

▲ 반복문 문법

먼저 조건 제어 반복문을 보도록 합니다.

```
while 조건식:
        반복할 문장
```

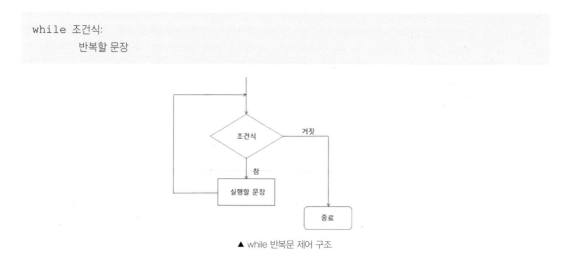

▲ while 반복문 제어 구조

이 코드는 먼저 조건식을 체크하여 참이면 반복할 문장을 실행하고 다시 조건식을 체크하여 거짓이 될 때까지 계속 반복하는 문장입니다. 여기서 중요한 것은 반복문을 끝내는 조건이 반드시 존재해야 한다는 점입니다. 그렇지 않으면 무한 반복이 되어 의도하지 않았다면 심각한 프로그램 오류가 됩니다. 다음 예제는 1부터 10까지의 합을 구하는 프로그램입니다.

```
>>> i,hap=0,0
>>> i=1
>>> while i<11:            # i가 11보다 작은 경우
        hap = hap+i    # hap 에 i값을 더한다
        i = i+1


>>> print ("1에서 10까지의 합: ", hap) # hap 값 출력
1에서 10까지의 합: 55
```

while 문에서 조건식(i<11)을 테스트하여 참이면(11보다 작으면) 아래의 블록을 반복실행하고 그렇지 않으면 반복을 마치게 되어서 while 문을 종료하고 print 문을 실행합니다. i값을 자세히 보면 i는 1부터 시작합니다. 조건식(i<11)을 테스트하는데 i값이 1이므로 1<11이 참이 되어 아래의 블록을 실행하여 첫 번째 반복을 합니다. 블록 안에서 반복문을 끝내기 위해서 i를 하나씩 증가시켰습니다. 즉, i가 처음에는 값이 1이었지만 i=i+1 문장에 의해 증가되어 값이 2가 되고 다시 조건식(2<11)을 통과하여 두 번째 반복을 합니다. 이런 식으로 계속해서 i값을 증가시켜 반복을 하다가 i가 11이 되면 11<11이 참이 아니기 때문에 반복문을 종료합니다. 여기서 i=i+1 문장이 없다면 i값이 변하지 않아서 조건식(i<11)이 늘 참이기 때문에 while 문을 빠져나오지 못하는 무한 반복이 됩니다.

예제 소스 코드에 주석(comment)을 달았습니다. 프로그램에서 주석은 코드를 읽는 사람의 편의를 위해 제공되는 텍스트로서 컴퓨터는 해석을 하지 않는 코드 부분입니다. 파이썬에서 주석은 # 기호를 사용하며 # 뒤의 글자들은 모두 무시하므로 프로그램의 실행 결과에 영향을 끼치지 않습니다. 훌륭한 프로그래머는 주석을 잘 활용하여 코드를 읽는 사람에게 이 프로그램이 무엇을 하는지 설명합니다. 여기서 코드를 읽는 사람은 자기 자신도 포함합니다. 시간이 지나면 본인이 작성한 코드를 봐도 주석이 없으면 잘 이해가 되지 않는 경우가 많기 때문에 본인 스스로를 위해서도 주석을 잘 해 놓는 것이 중요합니다.

while 문 사용할 때도 if 문과 마찬가지로 주의할 점이 있습니다.
조건식 뒤에 콜론(:) 사용은 필수입니다. while과 콜론(:) 사이의 문장이 조건식이 되고, 실행할 문장은 들여쓰기를 반드시 해야 합니다. 예세의 경우 hap=hap+i 문과 i=i+1 문이 들여쓰기를 하였고 이 두 문장은 같은 코드 블록에 있게 됩니다.

```
>>> while i < 11:          # i가 11보다 작은 경우
        hap = hap + 1      # hap에 i값을 더한다
        i = i + 1
```

▲ while 반복문 사용시 주의점

이번에는 반복문에서 많이 사용하는 팩토리얼 예제를 보겠습니다. 팩토리얼은 1부터 어떤 양의 정수 n까지의 정수를 모두 곱한 것을 말하며 n!로 나타냅니다. 예를 들어 3!은 1 * 2 * 3 = 6이고 5!은 1 * 2 * 3 * 4 * 5=120입니다. 일반적으로 n!은 1 * 2 * 3 ... * n으로 계산할 수 있습니다.

10!을 계산하는 파이썬 프로그램 예제로서 1부터 10까지의 합을 구하는 예제와 비교해서 바뀐 부분을 유심히 보면 쉽게 이해가 될 것입니다.

```
>>> fact=1
>>> i=1
>>> n=10
>>> while i <= n:           # i가 n보다 작은 경우
        fact = fact*i       # fact 에 i값을 곱한다
        i = i+1


>>> print ("10! = ", fact)  # fact 값 출력
10! = 3628800
```

이번에는 횟수 제어 반복문을 살펴봅시다.

```
for 변수 in range(시작값=0, 끝값+1, 증가값=1):
        반복할 문장
```

위 for 문은 반복할 문장을 시작값부터 증가값만큼씩 증가하면서 끝값번만큼 반복합니다. 끝값만 필수이고 나머지 시작값과 증가값은 기본값이 각각 0과 1입니다. 즉, range(5)는 range(0, 5, 1)과 같습니다. 예를 들어 아래 문장은 print 문을 5번 반복합니다.

```
>>> for i in range(5):
        print(i)

0
1
2
3
4
```

range(1,10)은 1부터 9까지의 값을 나타냅니다. 끝이 10이 아니라 10-1=9라는 것에 주의해야 합니다. 따라서 1부터 10까지의 값을 출력하려면 range(1, 11)을 써야 합니다.

```
>>> for i in range(1,11):
        print(i, end=" ")


1 2 3 4 5 6 7 8 9 10
>>>
```

▲ for 반복문 – range 문 사용

이번에는 증가값이 1이 아닌 경우를 살펴봅니다.

```
>>> for i in range(1, 20, 2):
        print(i, end=' ')


1 3 5 7 9 11 13 15 17 19
>>> |
```

▲ for 반복문 – range 문 사용, 증가값

range(1, 20, 2)와 같이 증가값을 기본값인 1이 아닌 2로 설정을 하면 2씩 증가하면서 출력하는 것을 볼 수 있습니다.

for 문 사용 시에도 if 문과 마찬가지로 주의할 점이 있습니다. for 변수 in range() 문의 마지막에 콜론(:)을 필수적으로 사용해야 하고, 실행할 문장은 반드시 들여쓰기를 해야 합니다.

for 문을 사용하여 위의 팩토리얼 예제를 수정해 봅시다.

```
>>> fact=1
>>> n=10
>>> for i in range(1, n+1):
         fact = fact*i

>>> print ("10! = ", fact) # fact 값 출력
10! = 3628800
```

for 문의 특성상 코드가 while 문을 사용했을 때보다 좀 간결해진 것을 알 수 있습니다.

사실 for 문은 항목을 모아놓은 시퀀스(sequence)에서 항목을 하나씩 가져와서 더 이상 가져올 항목이 없을 때까지 반복하는 것입니다. 시퀀스는 리스트, 튜플, 딕셔너리, 문자열 등 데이터에 순서를 붙여 나열한 것을 의미합니다. 시퀀스는 이후에 자세히 설명할 예정이니, 여기서는 간단히 리스트를 사용한 for 문 예제를 보도록 합시다.

```
>>> for i in [0,1,2,3,4] :
        print(i, end=" ")


0 1 2 3 4
>>> |
```

▲ for 반복문 – 리스트 사용

위 코드에서 [0, 1, 2, 3, 4]가 리스트입니다. 이전의 for i in range(5): 문장과 비교해보면 range(5) 자리에 [0, 1, 2, 3, 4]가 있는 셈인데 range(5)의 정의를 생각해보면 쉽게 이해가 됩니다. 다음은 range() 문과 리스트를 비교한 예제입니다.

range() 예제	동등한 리스트
range(5)	[0, 1, 2, 3, 4]
range(1,5)	[1, 2, 3, 4]
range(1,10)	[1, 2, 3, 4, 5, 6, 7, 8, 9]
*range(0,10)	[0, 1, 2, 3, 4, 5, 6, 7, 8, 9]

숫자 뿐만 아니라 문자열로 이루어진 리스트도 사용 가능합니다.

```
>>> for x in ["apple", "banana", "orange"] :
        print(x)


apple
banana
orange
>>>
```

▲ for 반복문 – 문자열 리스트 사용

위 코드에서 ["apple", "banana", "orange"]가 리스트입니다.

05 ◆ break 문

for, while 반복문에서 반복문 밖으로 무조건 탈출을 하기 위해 break 문을 사용할 수 있습니다.

```
>>> while True:
        inputchar = input("대문자 변환[종료는 q]: ")
        if inputchar == 'q':
            break
        print (inputchar.capitalize())


대문자 변환[종료는 q]: a
A
대문자 변환[종료는 q]: b
B
대문자 변환[종료는 q]: q
>>>
```

▲ break 문 사용 예제

while 문에서 조건식을 while True: 와 같이 사용하면 True는 항상 참이기 때문에 무한반복이 됩니다. 무한반복을 빠져 나가는 방법으로 블록 안에서 특정 조건 아래 break 문이 실행되게 하면 화살표와 같이 블록의 바깥으로 탈출합니다. 여기서는 사용자가 입력한 문자(inputchar)를 대문자로 변환해서 출력하는 print 문을 반복하는데 문자가 'q'일 때는 print 문이 실행되기 전에 탈출하는 소스 코드를 보여줍니다.

이와 반대로 반복 시 무조건 블록의 남은 부분을 건너뛰고 반복문의 처음으로 돌아가야 할 때 continue 문을 사용합니다. 아래 예제에서는 사용자에게 정수를 입력받아서 이전 절에서 배운 나머지 연산자(%)를 사용하여 짝수인 경우에는 continue 문을 사용하면 화살표와 같이 반복문의 처음으로 돌아가고 홀수인 경우에만 제곱값을 출력하는 소스 코드입니다.

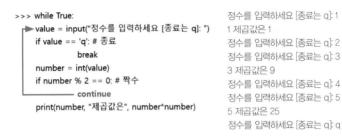

```
>>> while True:
        value = input("정수를 입력하세요 [종료는 q]: ")
        if value == 'q': # 종료
            break
        number = int(value)
        if number % 2 == 0: # 짝수
            continue
        print(number, "제곱값은", number*number)
```

```
정수를 입력하세요 [종료는 q]: 1
1 제곱값은 1
정수를 입력하세요 [종료는 q]: 2
정수를 입력하세요 [종료는 q]: 3
3 제곱값은 9
정수를 입력하세요 [종료는 q]: 4
정수를 입력하세요 [종료는 q]: 5
5 제곱값은 25
정수를 입력하세요 [종료는 q]: q
```

 실습 2

앞에서 배운 터틀 그래픽을 사용한 사각형 그리기를 반복문을 사용하여 수정해 봅시다.

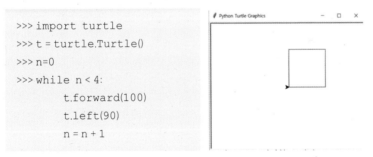

```
>>> import turtle
>>> t = turtle.Turtle()
>>> n=0
>>> while n < 4:
        t.forward(100)
        t.left(90)
        n = n + 1
```

▲ 사각형 그리기

 실습 3

사용자에게 정수 n를 입력받아서 정n각형을 그려보도록 합시다. 정n각형은 각각의 변을 이루는 직선을 그린 후 360을 n으로 나눈 각도만큼 회전을 하는 것을 반복하면 그릴 수 있습니다. 각도는 degree 변수를 정의하여 360/n을 계산한 값을 할당하여 사용합니다.

```
import turtle
t = turtle.Turtle()

I = 0
n = int(input("정수를 입력하세요: "))
degree = 360 / n

while i < n:
        t.forward(100)
        t.left(degree)
        i = i + 1
```

▲ 삼각형 그리기

 실습 4 ···

숫자 맞추기 게임을 만들어 봅시다.

```
1부터 100 사이의 숫자를 맞춰보세요: 50
너무 작아요
1부터 100 사이의 숫자를 맞춰보세요: 80
너무 커요
1부터 100 사이의 숫자를 맞춰보세요: 70
너무 커요
1부터 100 사이의 숫자를 맞춰보세요: 60
너무 커요
1부터 100 사이의 숫자를 맞춰보세요: 55
너무 작아요
1부터 100 사이의 숫자를 맞춰보세요: 57
너무 작아요
1부터 100 사이의 숫자를 맞춰보세요: 58
정답!
>>>
```

프로그램이 해야 할 일을 설명합니다.

❶ 정답 변수를 1~100 사이의 임의의 수로 정합니다.

❷ '1부터 100 사이의 숫자를 맞춰보세요:'라고 말하고 대답을 입력 받습니다.

❸ 대답이 정답이라면 '정답!'을 출력합니다.

❹ 정답이 아니라면 정답과 비교하여 큰지, 작은지 알려줍니다.

❺ 답을 맞출 때까지 계속 물어볼 수 있도록 계속 반복합니다.

❻ 정답을 맞춘 경우 반복을 중단합니다.

파이썬에서 임의의 수를 사용하기 위해서는 먼저 random 모듈을 임포트하는 명령어를 입력합니다.

```
import random
```

a부터 b 사이의 임의의 수는 randint()를 사용하면 구할 수 있습니다.

```
random.randint(a, b)
```

나머지 코드는 while 문으로 정수값 입력을 받는 부분과 조건문으로 정답과 비교하여 맞춘 경우 '정답'을 출력하고 break 문으로 반복을 탈출합니다. 정답이 아니라면 적절한 대답을 출력하고 반복을 계속합니다.

⟨3-3-4.py⟩

```
import random
answer = random.randint(1,100)
while True:
    guess = int(input("1부터 100 사이의 숫자를 맞춰보세요: "))
    if guess == answer:
        print("정답!")
        break
    elif guess > answer:
        print("너무 커요")
    else:
        print("너무 작아요")
```

◆ 실습5 ···

끝말잇기 게임을 만들어 봅시다. 끝말잇기란 단어를 말하고 말한 단어의 마지막 글자로 시작하는 또 다른 단어를 이어 말하는 게임입니다. 다음 실행 화면은 게임 플레이 예제입니다.

```
끝말잇기 게임
시작
가나다
단어: 다람쥐
단어: 쥐포
단어: 포기
단어: 키차
땡!
>>>
```

▲ 끝말잇기 게임 실행 화면

프로그램으로는 앞에서 배운 문자열 관련 명령과 조건문, 반복문을 사용하여 만들 수 있습니다. 시작 단어가 '가나다'인데 먼저 '가나다'의 '다'로 시작하는 단어를 입력받아야 합니다. 이러한 판단을 하기 위해서는 먼저 '가나다'가 몇 글자인지를 알아야 합니다. 문자열의 글자 수를 알아내는 함수 len() 함수를 사용해서 '가나다'의 글자 수 '3'이라는 것을 알 수 있게 되면 '가나다'의 3번째 글자가 '다'라는 것도 추출할 수 있습니다. 끝말잇기를 하려면, 이렇게 추출한 단어의 마지막 글자가 사용자가 입력한 단어의 첫 번째 글자와 같은지 판단해야 합니다. 시작 단어 '가나다'를 담을 단어 변수 var를 만들고, 사용자 입력은 ans 변수로 받습니다. 아래처럼 코드를 만들면 '가나다'의 3번째 글자와 사용자가 입력한 문자열의 첫 번째 글자를 비교할 수 있습니다.

```
var = '가나다'
ans = input("단어: ")
if var[len(var)-1] == ans[0]:
    var = ans
else:
    print("땡!")
    break
```

만일 끝말이 이어진 단어라는 것이 판단되면, 현재 대답(ans)한 것을 단어 변수 var에 덮어씌웁니다. 그렇지 않으면, '땡'이라고 말하고 프로그램을 모두 멈춥니다. 틀린 단어를 입력할 때까지 끝말잇기는 계속 되어야 합니다. 전체 소스 코드는 다음과 같습니다.

⟨3-3-5.py⟩

```
print("끝말잇기 게임")
print("시작")
var = "가나다"
print(var)
while True:
    ans = input("단어: ")
    if var[len(var)-1] == ans[0]:
        var = ans
    else:
        print("땡!")
        break
```

 실습 6

사용자에게 자연수 i와 n값을 입력받아 i부터 n까지 값을 합산하는 프로그램을 만들어 봅시다.

```
i부터 n 까지의 합을 계산하면 얼마일까요?
연산할 시작 수를 입력하세요: 1
연산할 마지막 수를 입력하세요: 100
합은  5050 입니다
>>> |
```

프로그램이 해야 할 일을 설명합니다.

❶ 변수(i, n, result)를 만들고 초기화한다.

❷ "연산할 시작 수를 입력하세요: " 를 묻고 대답을 'i' 변수에 저장한다.

❸ "연산할 마지막 수를 입력하세요: " 를 묻고 대답을 'n' 변수에 저장한다.

❹ i부터 n값이 될 때까지 다음을 반복한다. 시작 수(i)에서 끝 수(n)가 될 때까지 덧셈을 하여 결과 값(result)에 저장한다.

❺ 결과값을 출력한다.

〈3-3-6.py〉

```
print("i부터 n 까지의 합을 계산하면 얼마일까요?")
i = int(input("연산할 시작 수를 입력하세요: "))
n = int(input("연산할 마지막 수를 입력하세요: "))
result = 0
while i <= n:
        result = result + i
        i = i + 1
print("합은 ", result, "입니다")
```

리스트, 튜플, 딕셔너리

01 • 리스트

파이썬에서 리스트란 숫자 또는 문자로 된 값을 여러 개 저장하고 있는 자료 타입입니다. 리스트 안에 저장된 각각의 데이터를 항목(item)이라고 합니다.

리스트를 배우지 않으면 파이썬을 배웠다고 할 수 없습니다. 리스트는 하나의 값만을 저장하는 변수와는 달리, 숫자 또는 문자로 된 값을 여러 개 저장할 수 있는 시퀀스 자료 타입입니다. 리스트에 있는 값들을 지우거나 추가가 가능하고 리스트의 순서를 따라 명령해볼 수도 있고, 리스트의 특정 순서에 있는 값을 보여주는 것도 가능합니다. 리스트와 비슷한 시퀀스 자료 타입인 튜플과 딕셔너리도 함께 알아봅니다.

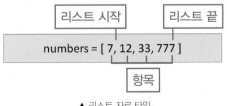

▲ 리스트 자료 타입

리스트에서는 항목의 순서가 매우 중요합니다. 리스트의 시작과 끝을 표시하기 위해서 대괄호[ ]를 사용하고 내부의 항목을 분리하기 위해서 쉼표(,)를 사용합니다. 앞의 그림은 4개의 숫자(7, 12, 33, 777)로 이루어진 numbers라는 리스트를 보여줍니다.

파이썬 리스트의 항목에는 어떤 유형의 데이터도 가능합니다. 위와 같이 숫자로 이루어진 리스트도 있고, 문자열로 이루어진 리스트(string)도 가능합니다.

```
string = ['a', 'b', 'c']
```

```
s2 = ['Life', 'is', 'too', 'short']
```

```
s3 = [3, 2, 'Life', 'is']
```

```
s4 = [3, 2, ['too', 'short']]
```

객체(s2), 심지어 다른 리스트(s4)도 항목으로 가질 수 있으며 항목들이 동일한 유형(s3)이 아니어도 가능합니다. 또한, 항목이 하나도 없는 리스트도 가능합니다.

```
empty = []
```

02 ◆ 리스트 생성, 항목 추가, 접근, 연산, 변경

리스트는 대괄호[ ] 안에 값을 선언하면 생성이 됩니다.

```
리스트 이름 = [값1, 값2, 값3, …]
```

```
>>> empty_list = []
>>> weekdays = ['Mon', 'Tue', 'Wed', 'Thu', 'Fri']
>>> weekdays
['Mon', 'Tue', 'Wed', 'Thu', 'Fri']
>>> car_list = ['bmw', 'audi', 'benz', 'landrover']
>>> car_list
['bmw', 'audi', 'benz', 'landrover']
>>> numbers = [0, 1, 2, 3, 4, 5, 6, 7, 8, 9]
>>> numbers
[0, 1, 2, 3, 4, 5, 6, 7, 8, 9]
```

앞의 코드에서 empty_list, weekdays, car_list, numbers 모두 대괄호를 사용하여 새로 생성된 리스트입니다. empty_list는 항목이 하나도 없는 빈 리스트이며 weekdays는 5개의 문자열 항목을 가지고 있습니다. car_list는 4개의 문자열 항목, numbers는 10개의 숫자 항목을 가지고 있습니다.

리스트에 항목을 추가하기 위해서 append()를 사용합니다.

```
리스트 이름.append(값)
```

```
>>> aa=[]
>>> aa.append(0)
>>> aa.append(1)
>>> aa.append(2)
>>> aa.append(3)
>>> aa
[0, 1, 2, 3]
```

위의 코드에서 빈 aa 리스트를 만들고 append()로 4개의 숫자 항목을 추가하였습니다.

리스트의 요소에 접근하기 위해서는 첨자를 사용합니다. 항목의 개수는 0 또는 그 이상이기 때문에 첨자가 0부터 시작합니다. 방금 전에 생성한 weekdays 리스트의 각 항목은 weekdays[ ] 괄호 안에 0, 1, 2, 3, 4의 첨자로 접근할 수 있습니다. weekdays[0]은 첫 번째 항목인 'Mon'이고, weekdays[1]은 두 번째 항목인 'Tue'입니다.

```
>>> weekdays
['Mon', 'Tue', 'Wed', 'Thu', 'Fri']
>>> weekdays[0]
'Mon'
>>> weekdays[1]
'Tue'
```

리스트값의 첨자 접근에 대해 좀 더 자세히 살펴 봅시다.

```
리스트 이름[시작:끝+1] => 모든 값
리스트 이름[첨자:] => 리스트 이름[첨자]부터 끝까지 값
리스트 이름[:첨자] => 처음부터 리스트 이름[첨자-1]까지 모든 값
```

우리는 앞에서 문자열의 첨자를 사용하여 부분 문자열을 추출하는 법을 배웠는데 리스트의 첨자 접근 방법 또한 문자열과 유사합니다. 앞에서 사용한 문자열 예제와 리스트 예제를 비교해 봅시다.

```
>>> alphabet                             >>> numbers
'abcdefghijklmnopqrstuvwxyz'             [0, 1, 2, 3, 4, 5, 6, 7, 8, 9]
>>> alphabet[12:15]                      >>> numbers[2:5]
'mno'                                    [2, 3, 4]
>>> alphabet[20:]                        >>> numbers[5:]
'uvwxyz'                                 [5, 6, 7, 8, 9]
>>> alphabet[:5]                         >>> numbers[:3]
'abcde'                                  [0, 1, 2]
>>> alphabet[:]                          >>> numbers[:]
'abcdefghijklmnopqrstuvwxyz'             [0, 1, 2, 3, 4, 5, 6, 7, 8, 9]
```

리스트끼리 더하면 항목들이 합쳐져서 하나의 리스트가 됩니다. 그리고 리스트에 숫자를 곱하면 항목이 숫자만큼 반복됩니다.

```
>>> aa
[0, 1, 2, 3]
>>> bb=[4, 5, 6]
>>> aa+bb
[0, 1, 2, 3, 4, 5, 6]
>>> aa*3
[0, 1, 2, 3, 0, 1, 2, 3, 0, 1, 2, 3]
>>>
```

앞에서 배운 문자열의 덧셈 예제와 곱셈의 예제를 비교해보면 유사하다는 것을 알 수 있습니다.

```
>>> "apple" + "banana"         >>> aa
'applebanana'                  [0, 1, 2, 3]
>>> "apple" * 3                >>> bb = [4, 5, 6]
'appleappleapple'              >>> aa + bb
>>>                            [0, 1, 2, 3, 4, 5, 6]
                               >>> aa * 3
                               [0, 1, 2, 3, 0, 1, 2, 3, 0, 1, 2, 3]
                               >>>
```

리스트의 첨자를 사용하면 그 위치의 항목 값을 변경할 수 있습니다.

```
>>> aa
[0, 1, 2, 3]
>>> aa[2] = 20
>>> aa
[0, 1, 20, 3]
>>>
```

연속된 범위의 값도 일괄로 변경이 가능합니다.

```
>>> aa
[0, 20, 2, 3]
>>> aa[:2] = [10, 20]
>>> aa
[10, 20, 2, 3]
>>>
```

aa[:2]는 aa[0]과 aa[1]을 의미하기 때문에 두 개의 값이 동시에 바뀝니다. 첨자 사용시 주의할 점은 범위 지정입니다. 예를 들어 aa 리스트의 경우 리스트 길이는 4이고 허용 가능한 첨자값은 0, 1, 2, 3입니다. 이 범위를 벗어난 첨자로 값을 선택할 시에는 첨자의 범위 지정이 벗어났다는 에러(index out of range)가 나타납니다.

```
>>> aa=[10, 20, 2, 3]
>>> aa[4]
Traceback (most recent call last):
  File "<pyshell#6>", line 1, in <module>
    aa[4]
IndexError: list index out of range
>>>
```

aa[4]를 출력하려고 하면 IndexError: list index out of range 에러가 나는 것을 확인할 수 있습니다.

03 ◆ 리스트 for 문 사용, 길이, 항목 체크, 항목 삭제

앞에서 for 문을 사용한 반복문으로 리스트를 사용한 예제를 간단히 다루었는데 이번에는 좀 더 자세히 다뤄보겠습니다. 리스트를 사용한 for 문의 일반적인 문법은 다음과 같습니다.

```
for 변수 in 리스트:
        실행문
```

이 문장은 리스트의 각각의 항목을 순서대로 꺼내서 변수에 할당한 후 실행문을 반복해서 실행하는 명령입니다. 이때 리스트의 모든 항목을 다 순회할 때까지 반복합니다. 아래 예제를 보겠습니다.

```
>>> four_seasons = ['spring', 'summer', 'fall', 'winter']
>>> for season in four_seasons:
        print(season)


spring
summer
fall
winter
>>>
```

먼저 four_seasons라는 이름의 리스트를 4개의 항목으로 정의했습니다. for 문을 통해 season 변수에 순서대로 리스트의 항목을 대입합니다. 처음 항목은 'spring'이기 때문에 season 변수의 값은 'spring'이 되고, print(season)은 'spring'을 출력합니다. 다음 반복으로 두 번째 항목인 'summer'가 season 변수의 값이 되고 출력합니다. 이를 'fall'과 'winter'까지 반복되고 더 이상 순회할 항목이 없으면 반복문이 종료됩니다.

리스트의 길이를 알고 싶으면 len() 함수를 사용하면 됩니다.

```
>>> four_seasons = ['spring', 'summer', 'fall', 'winter']
>>> len(four_seasons)
4
>>>
```

리스트에 어떤 특정한 값을 가진 항목이 있는지를 체크하려면 in 키워드를 사용합니다.

```
>>> fruits = ['apple', 'banana', 'orange']
>>> if 'tomato' in fruits:
        print('tomato는 과일입니다')
else:
        print('tomato는 과일이 아닙니다')

tomato는 과일이 아닙니다
>>>
```

for 문 사용시 리스트의 항목을 순회하면서 값을 읽어(read) 사용하는데 만약 항목 값을 변경(write)하고 싶으면 어떻게 해야 할까요? 아래 문장과 같이 값을 대입하면 원하는 결과를 얻을 수 있을까요?

```
>>> numbers = [1,2,3,4]
>>> for i in numbers:
        i = 0          ◁── 항목에 값 대입 시도
>>> numbers
[1, 2, 3, 4]
>>>                    ◁── 변화가 없음
```

numbers라는 이름의 리스트에 항목이 4개 들어 있습니다. for 문에서 항목의 값이 i 변수에 들어있으니 "i = 0"과 같이 하면 변경이 됩니다. 그런데 반복이 끝난 후에 리스트 내용을 출력해보니 값이 변동이 없이 처음과 똑같습니다. 어떻게 해야 할까요? 항목의 값을 가진 변수는 리스트 자체와는 별개이기 때문에 리스트의 항목을 수정할 때는 반드시 첨자를 사용해야 합니다. for 문은 아래와 같이 첨자를 쓰도록 수정할 수 있습니다.

```
>>> n = 0
>>> for i in numbers:
        numbers[n] = 0
        n = n + 1

>>> numbers
[0, 0, 0, 0]
>>>
```

첨자로 사용할 변수로 n을 정의했습니다. numbers 리스트에 직접 첨자를 대괄호를 사용하여 numbers[n]과 같이 지정한 후 값을 대입했습니다.

리스트의 항목을 삭제하기 위해서는 여러 방법이 있는데 하나씩 살펴봅니다.

먼저 항목의 값을 미리 알 수 있다면 remove()를 사용할 수 있습니다.

```
리스트.remove(값)
```

값이 일치하는 항목이 삭제됩니다.

```
>>> fruits = ['apple', 'banana', 'orange']
>>> fruits.remove('orange')
>>> fruits
['apple', 'banana']
>>>
```

pop()을 사용하면 리스트의 제일 마지막 항목을 빼내서 그 값을 반환합니다. pop()을 사용한 리스트에서는 빼낸 항목이 없어집니다.

```
x = 리스트.pop()
```

```
>>> fruits
['apple', 'banana']
>>> x = fruits.pop()
>>> x
'banana'
>>> fruits
['apple']
>>>
```

```
>>> fruits = ['apple', 'banana', 'orange']
>>> del fruits[0]
>>> fruits
['banana', 'orange']
>>>
```

삭제할 항목이 리스트의 몇 번째인지 안다면 del()을 이용해서 삭제합니다.

```
del 리스트[첨자]
```

del 키워드에서 리스트에 첨자를 지정하지 않으면 리스트 자체를 삭제합니다.

```
>>> fruits = ['apple', 'banana', 'orange']
>>> del fruits
>>> fruits
Traceback (most recent call last):
  File "<pyshell#129>", line 1, in <module>
    fruits
NameError: name 'fruits' is not defined
>>>
```

del fruits 명령으로 fruits 리스트가 삭제되고 fruits 리스트를 출력을 하려고 하니 정의가 안 되어 있다(not defined)는 에러가 발생합니다.

리스트 자체는 남겨놓고 항목들만 없애려면 clear()를 사용합니다.

```
리스트.clear()
```

```
>>> fruits = ['apple', 'banana', 'orange']
>>> fruits.clear()
>>> fruits
[]
>>>
```

fruits 리스트를 출력해보니 [ ]로 비어 있는 리스트인 것을 알 수 있습니다.

04 • 튜플

튜플은 리스트와 비슷한 시퀀스 자료 타입이지만 다른 점은 변하지 않는다는 점입니다. 즉 튜플에 항목을 할당하면 이를 바꿀 수 없습니다. 이에 반해서 리스트는 변경가능합니다. 아래 a_tuple이라는 이름의 튜플 선언 예입니다.

```
a_tuple = (1, 'python')
```

튜플은 괄호( )로 생성합니다. 리스트는 대괄호[ ]로 생성한다는 것과 비교해 봅시다.

```
튜플 이름 = (값1, 값2, 값3, …)
```

튜플은 값을 수정할 수 없으며 읽기만 가능한 읽기 전용 리스트라고 생각하면 됩니다. 변경이 불가능하다는 단점이 있지만 리스트보다 속도가 빠르므로 읽기 전용으로 사용합니다. 리스트의 모든 읽기와 관련된 연산이 가능합니다.

```
>>> tpl = (10,20,30,40)
>>> tpl[1]
20
>>> tpl[0]
10
>>> tpl[1:]
(20, 30, 40)
>>> tpl[:]
(10, 20, 30, 40)
>>> tpl2 = ('a','b')
>>> tpl+tpl2
(10, 20, 30, 40, 'a', 'b')
>>> tpl*2
(10, 20, 30, 40, 10, 20, 30, 40)
>>>
```

▲ 튜플 연산 예제

```
>>> del(tpl)
>>> tpl = ('A','B')
>>> tpl
('A', 'B')
>>> tpl = ('a','b','c')
>>> tpl
('a', 'b', 'c')
>>>
```

▲ 튜플 값 새로 정의

대괄호[ ]가 괄호( )로 바뀐 것 말고는 리스트와 동일하게 사용 가능한 것을 보게 됩니다. 첨자를 사용할 수 있고 +나 * 같은 연산자도 사용이 가능합니다.

튜플은 변경이 불가능하기 때문에 리스트의 append(), remove() 같은 함수는 없습니다. 튜플의 값을 변경하려면 새로 정의해야 합니다. tpl이라는 이름의 튜플이 처음엔 ('A', 'B')였는데 새로 ('a', 'b', 'c')로 정의를 하였습니다.

튜플을 사용하는 실제 예제를 살펴보도록 합시다. 메뉴 항목처럼 프로그램의 실행시 변하지 않는 값 같은 경우 튜플이 유용합니다.

```
>>> menus = [(1, '레코드 추가'), (2, '조회'), (3, '삭제'), (4, '저장'), (5, '종료')]
>>> for i, n in menus:
        print(i, n)


1 레코드 추가
2 조회
3 삭제
4 저장
5 종료
>>>
```

위 코드와 같이 menus 리스트의 각 메뉴 항목들(1, '레코드 추가'), (2, '조회'), (3, '삭제'), (4, '저장'), (5, '종료')을 튜플로 정의한 다음 for 문으로 반복해서 튜플 값을 출력하여 사용합니다.

05 ◆ 딕셔너리 생성, 항목 접근, 추가, 변경, 삭제

딕셔너리는 리스트와 비슷한 시퀀스 자료 타입이지만 순서를 따지지 않는다는 차이점이 있습니다. 순서가 없기 때문에 리스트처럼 첨자로 항목을 선택할 수 없습니다. 대신 값과 관련된 키가 존재하여 키(key)로 값(value)을 선택해서 항목을 선택합니다. 딕셔너리는 중괄호{ }를 사용해서 쉼표로 구분된 키:값 쌍을 항목으로 지정해서 생성합니다.

```
딕셔너리 이름 = {키1:값1, 키2:값2, 키3:값3, … }
```

키:값 쌍이 하나도 없이 비어있는 상태로 딕셔너리를 생성할 수 있습니다.

```
phone_book = { }
```

phone_book이라는 이름의 빈 딕셔너리를 생성했습니다. 빈 딕셔너리에 항목을 하나 추가합니다. 항목 추가시 대괄호를 사용합니다. 리스트에서는 대괄호 안에 첨자 값이 숫자로 들어가는데 비해 딕셔너리에서는 키(key)가 들어갑니다.

```
phone_book["홍길동"] = "010-1234-5678"
```

"홍길동"이라는 이름의 키로 phone_book 딕셔너리에 "010-1234-5678" 항목을 추가했습니다. 키는 보통 문자열이지만 숫자도 가능합니다.

```
>>> phone_book = {}
>>> phone_book["홍길동"] = "010-1234-5678"
>>> phone_book[1] = "010-1234-5679"
>>> phone_book
{'홍길동': '010-1234-5678', 1: '010-1234-5679'}
>>>
```

phone_book[1]과 같이 키가 1로 phone_book 딕셔너리에 "010-1234-5679" 항목이 추가되었습니다. 딕셔너리 이름을 입력하니 모든 키와 값이 출력된 것을 볼 수 있습니다. 방금 전에는 빈 딕셔너리를 생성한 후 항목을 하나씩 추가했지만 딕셔너리를 생성할 때부터 값을 미리 채워서 생성할 수 있습니다.

```
>>> phone_book = {'이순신': '010-1234-5680', '홍길동': '010-1234-5678', '강감찬': '010-1234-5679'}
>>> phone_book
{'이순신': '010-1234-5680', '홍길동': '010-1234-5678', '강감찬': '010-1234-5679'}
>>>
```

세 개의 항목('이순신': '010-1234-5680', '홍길동': '010-1234-5678', '강감찬': '010-1234-5679')
으로 이루어진 phone_book 딕셔너리를 생성한 예제입니다.

딕셔너리는 키로 특정 항목을 접근합니다.

```
value = 딕셔너리[키]
```

```
>>> phone_book
{'이순신': '010-1234-5680', '홍길동': '010-1234-5678', '강감찬': '010-1234-5679'}
>>> value = phone_book['이순신']
>>> value
'010-1234-7777'
>>>
```

phonebook['이순신']과 같이 대괄호[ ] 안에 키를 사용하여 이순신을 키로 하는 항목의 값을 출력했
습니다. 특정 항목의 값을 얻기 위해 딕셔너리의 get( )을 사용합니다.

```
value = 딕셔너리.get(키)
```

```
>>> phone_book
{'이순신': '010-1234-5680', '홍길동': '010-1234-5678', '강감찬': '010-1234-5679'}
>>> value = phone_book.get('이순신')
>>> value
'010-1234-5680
>>>
```

딕셔너리의 항목을 변경하기 위해서는 키에 의해 참조되는 항목에 값을 할당하면 됩니다. 리스트에
항목을 추가하는 방법과 개념적으로 유사하며 키가 이미 존재하는 경우 그 값을 새 값으로 대체합
니다.

```
>>> phone_book["홍길동"] = "010-1234-5677"
>>> phone_book
{'이순신': '010-1234-5680', '홍길동': '010-1234-5677', '강감찬': '010-1234-5679'}
>>>
```

홍길동의 전화번호를 '010-1234-5677'로 변경하였습니다.

딕셔너리는 첨자가 없기 때문에 범위 지정 에러에 대해서 신경을 쓸 필요가 없습니다. 대신 키들은 모두 유일해야 합니다. 같은 키를 사용하면 마지막 값을 사용합니다. 아래 예제에서 '이순신' 키가 두 번 입력이 되어 마지막 값('010-1234-7777')으로 phone_book이 되어 있는 것을 볼 수 있습니다.

```
>>> phone_book = {
'이순신': '010-1234-5680',
'홍길동': '010-1234-5678',
'강감찬': '010-1234-5679',
'이영자': '010-1234-5681',
'이순신': '010-1234-7777'}
>>>
>>> phone_book
{'이순신': '010-1234-7777', '홍길동': '010-1234-5678', '강감찬': '010-1234-5679', '이영자': '010-1234-
5681'}
>>>
```

딕셔너리는 유사한 객체들의 한 종류의 정보들을 저장할 경우 유용하게 사용할 수 있습니다.

객체란 사물 또는 사람을 의미하는데 위에서 사용한 전화번호부(phone_book)의 이름-전화번호는 모두 한 종류의 정보이기 때문에 딕셔너리에 저장하기 좋은 예제입니다. 딕셔너리는 또한 객체의 서로 연관된 정보들을 저장해야 할 경우에도 사용할 수 있습니다. 아래 예제를 살펴봅시다.

```
>>> person0 = {'name':'james', 'age':22, 'city':'seoul'}
>>> person0
{'name': 'james', 'age': 22, 'city': 'seoul'}
>>> person0['sex']='M'
>>> person0
{'name': 'james', 'age': 22, 'city': 'seoul', 'sex': 'M'}
>>>
```

처음에 person0라는 딕셔너리를 이름, 나이, 도시를 키로 값을 생성하였고 다시 성별을 추가하였습니다. 딕셔너리에서 특정 키가 존재하는지 확인하려면 in 키워드를 사용합니다.

```
>>> thisdict = {
 "brand": "Ford",
 "model": "Mustang",
 "year": 1964
}
>>> if "model" in thisdict:
 print("Yes, 'model' is one of the keys in the thisdict dictionary")


Yes, 'model' is one of the keys in the thisdict dictionary
>>>
```

딕셔너리에서 항목을 삭제하기 위해서는 먼저 del을 사용하여 특정 키:값 항목을 삭제할 수 있습니다.

```
del 딕셔너리[키]
```

```
>>> person0
{'name': 'james', 'age': 22, 'city': 'seoul', 'sex': 'M'}
>>> del person0['sex']
>>> person0
{'name': 'james', 'age': 22, 'city': 'seoul'}
>>>
```

del을 사용하여 person0 딕셔너리에서 성별 항목을 제거했습니다. del을 키 없이 사용하면 딕셔너리 자체가 삭제됩니다.

```
>>> del person0
>>> person0
Traceback (most recent call last):
 File "<pyshell#62>", line 1, in <module>
  person0
NameError: name 'person0' is not defined
>>>
```

딕셔너리 자체가 삭제된 상태에서 출력하려고 하니 미정의 에러(not defined)가 발생합니다.

pop()을 사용하면 특정 키를 가진 항목을 빼내서 그 값을 반환합니다.

```
x = 딕셔너리.pop(키)
```

```
>>> person0
{'name': 'james', 'age': 22, 'city': 'seoul'}
>>> item = person0.pop('city')
>>> item
'seoul'
>>> person0
{'name': 'james', 'age': 22}
>>>
```

person0 딕셔너리에서 city 키를 가진 항목을 뽑아내서 값을 item 변수에 할당하고 원래 딕셔너리는 city 키가 없는 상태가 됩니다.

딕셔너리의 모든 항목을 없애고 빈 딕셔너리만 남길려면 clear()를 사용합니다.

```
딕셔너리.clear()
```

```
>>> person0.clear()
>>> person0
{}
>>>
```

person0를 출력했더니 { }로 비어있는 것을 확인하였습니다.

06 • 딕셔너리 키/값 얻기, 순회

딕셔너리에서 모든 키를 얻기 위해서는 keys()를 사용합니다.

```
>>> person0
{'name': 'james', 'age': 22, 'city': 'seoul', 'sex': 'M'}
>>> person0.keys()
dict_keys(['name', 'age', 'city', 'sex'])
>>>
```

person0 딕셔너리의 4개의 항목의 키를 출력합니다. 딕셔너리의 모든 값을 얻기 위해서는 values()를 사용합니다.

```
>>> person0
{'name': 'james', 'age': 22, 'city': 'seoul', 'sex': 'M'}
>>> person0.values()
dict_values(['james', 22, 'seoul', 'M'])
>>>
```

이번에는 person0 딕셔너리의 4개의 항목의 값을 출력해 줍니다. 딕셔너리의 모든 항목을 얻기 위해서는 items()를 사용합니다.

```
>>> person0
{'name': 'james', 'age': 22, 'city': 'seoul', 'sex': 'M'}
>>> person0.items()
dict_items([('name', 'james'), ('age', 22), ('city', 'seoul'), ('sex', 'M')])
>>>
```

person0 딕셔너리의 모든 항목(키:값쌍)이 ('name', 'james')와 같이 튜플로 반환된 것을 볼 수 있습니다.

딕셔너리는 리스트와 비슷한 시퀀스 자료 타입이기 때문에 for 문을 사용할 수 있습니다. 다음은 for 문을 사용하여 딕셔너리의 각 항목들을 순회하면서 출력해 보는 예제입니다.

```
>>> phone_book
{'이순신': '010-1234-7777', '홍길동': '010-1234-5678', '강감찬': '010-1234-5679', '이영자': '010-1234-
5681'}
>>> for key in phone_book:
        print (key, phone_book[key])


이순신 010-1234-7777
홍길동 010-1234-5678
강감찬 010-1234-5679
이영자 010-1234-5681
>>>
```

딕셔너리는 for 문에서 키를 순서대로 반환해 줍니다. 예제에서는 이순신, 홍길동, 강감찬, 이영자 순이고, 얻어진 키와 키와 쌍으로 된 값을 출력하였습니다. 다음과 같이 명시적으로 keys()를 사용해도 되고 items()을 사용하여 키와 값을 동시에 가져와서 처리해도 동일한 결과를 얻을 수 있습니다.

```
>>> for key in phone_book.keys():
        print (key,phone_book[key])


이순신 010-1234-7777
홍길동 010-1234-5678
강감찬 010-1234-5679
이영자 010-1234-5681
>>>
>>> for key,value in phone_book.items():
        print (key,value)


이순신 010-1234-7777
홍길동 010-1234-5678
강감찬 010-1234-5679
이영자 010-1234-5681
>>>
```

 실습1 ···

당신의 이상형을 골라봅시다. 여러 명의 이상형 중에서 한명을 무작위로 선택하도록 하는 프로그램을 만들어 보겠습니다. 먼저 프로그램 실행 초기 화면입니다.

| 1 이상형 추가 |
| 2 결정하기 |
| 3 이상형 명단보기 |
| 4 새로 입력하기 |
| 5 종료 |
| **초기 화면** |

이상형을 추가하기 위해서는 1을 입력해야 합니다.

1	1	1	1
낭신의 이상영은? 원민	닝신의 이상형은? 김신우	딩신의 이성영은? 이영우	딩신의 이성형은? 홍길동
1 이상형 추가	1 이상형 추가	1 이상형 추가	1 이상형 추가
2 결정하기	2 결정하기	2 결정하기	2 결정하기
3 이상형 명단보기	3 이상형 명단보기	3 이상형 명단보기	3 이상형 명단보기
4 새로 입력하기	4 새로 입력하기	4 새로 입력하기	4 새로 입력하기
5 종료	5 종료	5 종료	5 종료
1 이상형 추가 선택	**1 이상형 추가 선택**	**1 이상형 추가 선택**	**1 이상형 추가 선택**

이상형 명단을 보기 위해서는 3을 입력합니다.

```
1 이상형 추가
2 결정하기
3 이상형 명단보기
4 새로 입력하기
5 종료
3
['원빈', '김진우', '이형우',
'홍길동']
```

3 이상형 명단보기

명단에서 한명의 이상형을 고르기 위해 2를 입력하면 랜덤하게 한명을 골라줍니다.

```
2                          2
당신의 이상형은 이형우       당신의 이상형은? 김진우
1 이상형 추가               1 이상형 추가
2 결정하기                  2 결정하기
3 이상형 명단보기            3 이상형 명단보기
4 새로 입력하기             4 새로 입력하기
5 종료                     5 종료
```

2 결정하기	2 결정하기

이상형 명단을 지우고 새로 입력을 하기 위해 4를 입력합니다. 이어서 3을 입력하여 명단이 클리어 된 것을 확인합니다.

```
4                          1 이상형 추가
1 이상형 추가               2 결정하기
2 결정하기                  3 이상형 명단보기
3 이상형 명단보기            4 새로 입력하기
4 새로 입력하기             5 종료
5 종료                     3
                          []
```

4 새로 입력하기	3 이상형 명단보기

5를 입력하면 종료합니다.

```
1 이상형 추가
2 결정하기
3 이상형 명단보기
4 새로 입력하기
5 종료
5
>>>
```

5 종료 화면

프로그램의 시작에서 무작위 선택을 위해 random 패키지를 미리 import합니다.

```
import random
```

메뉴 화면은 앞서 배운 튜플을 활용합니다. 아래와 같이 메뉴를 만듭니다.

```
menus = [(1, '이상형 추가'), (2, '결정하기'), (3, '이상형 명단보기'), (4, '새로 입력하기'), (5, '종료')]
```

이상형을 담을 리스트 ideal을 생성합니다.

```
ideal = []
```

메뉴에서 사용자 입력을 받기 위해서는 보통 반복문을 사용합니다.

```
while True:
... break
```

반복의 시작으로 먼저 메뉴를 화면에 출력합니다.

```
for i, n in menus:
    print(i, n)
```

앞에서 배운 input()을 사용하여 사용자 입력을 받습니다.

```
c = int(input())
```

if ~ elif ~ 문을 사용하여 각각의 경우에 따른 실행문을 완성합니다. 먼저 1을 입력한 경우 이상형을 입력받아 리스트 ideal에 추가합니다.

```
if c == 1:
    s = input('당신의 이상형은? ')
    ideal.append(s)
```

다음으로 2를 입력한 경우에는 무작위로 리스트에서 한 명을 선택하여 보여줍니다. 리스트에서 무작위로 항목을 선택하기 위해서 random.choice(리스트)를 사용합니다.

```
import random
...
  elif c == 2:
    print('당신의 이상형은', random.choice(ideal))
```

3을 입력하면 지금까지 입력한 이상형의 명단을 보여 줍니다.

```
  elif c == 3:
    print (ideal)
```

4를 입력하면 새로 입력을 하기 위해 명단을 클리어합니다.

```
  elif c == 4:
    ideal.clear()
```

5를 입력하면 break문으로 반복문을 빠져나갑니다.

```
  elif c == 5:
    break
```

다음은 완성된 전체 소스 코드입니다.

〈3-4-1.py〉

```
import random
menus = [(1, '이상형 추가'), (2, '결정하기'), (3, '이상형 명단보기'), (4, '새로 입력하기'), (5, '종료')]
ideal = []
while True:
  for i, n in menus:
    print(i, n)
  c = int(input())
  if c == 1:
    s = input('당신의 이상형은? ')
    ideal.append(s)
  elif c == 2:
    print('당신의 이상형은', random.choice(ideal))
  elif c == 3:
    print (ideal)
  elif c == 4:
    ideal.clear()
  elif c == 5:
    break
```

간단한 전화번호부를 만들어 봅시다. 전화번호부 같은 객체는 딕셔너리를 사용하면 쉽게 구현할 수 있습니다. 이 프로그램은 입력 모드와 검색 모드의 두가지 모드로 동작합니다. 처음 프로그램을 시작하면 입력 모드로 전화번호부에 새 항목을 추가하기 위해 사용자로부터 이름과 전화번호를 입력받아 딕셔너리에 저장합니다. 계속해서 새 항목을 더 추가하고 싶으면 이름과 전화번호를 연속해서 입력하면 됩니다. 이름을 입력하지 않고 엔터키를 치면 검색 모드가 되고 검색 모드에서는 이름으로 검색할 수 있습니다. 다음은 간단한 전화번호부 예제의 실행 화면입니다.

```
(입력모드)이름을 입력하시오: 홍길동
전화번호를 입력하시오: 010-222-1111
(입력모드)이름을 입력하시오: 김일성
전화번호를 입력하시오: 010-222-1234
(입력모드)이름을 입력하시오: 강감찬
전화번호를 입력하시오: 010-222-1112
(입력모드)이름을 입력하시오:
(검색모드)이름을 입력하시오: 김일성
김일성 의 전화번호는 010-222-1234 입니다.
(검색모드)이름을 입력하시오: 강감찬
강감찬 의 전화번호는 010-222-1112 입니다.
(검색모드)이름을 입력하시오: 이미래
이미래 은 없습니다.
(검색모드)이름을 입력하시오:
>>>
```

▲ 간단한 전화번호부 실행 화면

처음 3명(홍길동, 김일성, 강감찬)의 정보를 입력하고 난 후 이름 입력 없이 엔터키를 쳐서 검색 모드로 가서 전화번호를 이름으로 검색하였습니다.

먼저 전화번호부를 담을 딕셔너리를 contacts란 이름으로 생성합니다.

```
contacts = {}
```

입력 모드 구현을 위해 while 문을 사용합니다.

```
while True:
... break
```

먼저 이름 name을 입력받습니다. 이름을 입력하지 않으면 반복문을 빠져나갑니다.

```
name = input("(입력 모드)이름을 입력하시오: ")
if not name:
    break;
```

다음으로 전화번호 tel를 입력받아서 이름을 키로 하여 딕셔너리 contacts에 추가합니다.

```
tel = input("전화번호를 입력하시오: ")
contacts[name] = tel
```

지금까지 입력 모드 부분까지 완성된 소스 코드입니다.

```
contacts = { }

while True:
    name = input("(입력모드)이름을 입력하시오: ")
    if not name:
        break;
    tel = input("전화번호를 입력하시오: ")
    contacts[name] = tel
```

다음으로 검색 모드 부분입니다. 검색도 새로 반복문을 만든 후 먼저 이름 name을 입력받습니다. 이름을 입력하지 않으면 반복문을 빠져나갑니다.

```
while True:
    name = input("(검색모드)이름을 입력하시오: ")
    if not name:
        break;
```

입력한 이름이 전화번호부에 있는지 in 키워드로 체크한 후 이름이 있으면 이름과 전화번호를 출력합니다. 이름이 없으면 이름이 없다고 출력합니다.

```
if name in contacts :
    print(name, "의 전화번호는", contacts[name], "입니다.")
else:
    print(name, "은 없습니다.")
```

아래는 완성된 전체 소스 코드입니다.

〈3-4-2.py〉

```
contacts = {}

while True:
    name = input("(입력모드)이름을 입력하시오: ")
    if not name:
        break;
    tel = input("전화번호를 입력하시오: ")
    contacts[name] = tel

while True:
    name = input("(검색모드)이름을 입력하시오: ")
    if not name:
        break;
    if name in contacts :
        print(name, "의 전화번호는", contacts[name], "입니다.")
    else:
        print(name, "은 없습니다.")
```

 실습3 ....

영어 단어 암기 프로그램을 만들어 봅시다. 먼저 프로그램 실행 초기 화면입니다.

1 영어 → 한글
2 한글 → 영어
3 종료
초기 화면

영어 단어의 뜻을 맞추기 위해서 1번을 선택합니다. 다음 각각 맞은 경우와 틀린 경우입니다.

1 영어 → 한글	1 영어 → 한글
2 한글 → 영어	2 한글 → 영어
3 종료	3 송료
1	1
영어 dog 의 뜻?	영어 cat 의 뜻?
개	개
네 맞았어요, 영어 dog 의 뜻은 개 입니다	틀렸습니다
1번 맞은 경우	**1번 틀린 경우**

다음은 2번을 선택하여 한글에 해당하는 영어를 입력하는 문제입니다.

1 영어 → 한글	1 영어 → 한글
2 한글 → 영어	2 한글 → 영어
3 종료	3 종료
2	2
개 은 영어로 무엇?	사과 은 영어로 무엇?
dog	orange
네 맞았어요. 개 은 영어로 dog 입니다	틀렸습니다
2번 맞은 경우	2번 틀린 경우

1번과 2번을 선택한 경우 계속해서 영어 ⇔ 한글 맞추기를 반복하고 3번을 선택하면 반복이 종료됩니다. 실습1처럼 프로그램의 시작에서 무작위 선택을 위해 random 패키지를 미리 import하고, 메뉴 화면도 비슷한 방식으로 만듭니다.

```
import random
menus = [(1, '영어 → 한글'), (2, '한글 → 영어'), (3, '종료')]
```

1을 누르면 '영어 → 한글'이 선택되어 영어 단어를 보여주고, 한글 뜻을 입력하는 문제 모드로 넘어갑니다. 마찬가지로 2를 누르면 '한글 → 영어'가 선택되어 한글 단어를 보여주고 영어를 입력하는 문제 모드로 넘어갑니다.

```
english_list = ['apple', 'bed', 'clock', 'cat', 'dog']
hangul_list = ['사과', '침대', '시계', '고양이', '개']
```

영어 리스트와 한글 리스트를 생성합니다. 이때 영어 리스트의 n번째 항목이 한글 리스트의 n번째 항목의 뜻과 같아지도록 합니다. 이 실습에서는 n=5로 하여 5개의 항목을 가진 리스트를 만듭니다. 실습1에서 했던 것처럼 메뉴에서 사용자 입력을 받기 위해서 반복문을 사용하여 반복의 시작으로 먼저 메뉴를 화면에 출력한 후 사용자 입력을 받습니다.

```
while True:
    for i, n in menus:
        print(i, n)
    c = int(input())
```

영어 리스트에 있는 단어들 중 무작위로 하나를 정해야 합니다. 리스트의 항목 개수 안에서 임의의 수를 정하기 위해 파이썬은 random.randrange()을 제공합니다.

```
random.randrange(n)
```

이 함수는 0부터 n-1 중에서 임의의 자연수를 반환합니다. 이렇게 정해진 임의의 수를 변수 n에 할당하고 영어 리스트에서 n을 첨자로 한 항목을 eng_word 변수에 할당합니다.

```
n = random.randrange(5)
eng_word = english_list[n]
```

영어 단어 eng_word를 화면에 출력한 후 뜻을 한글로 입력하게 합니다.

```
print('영어', eng_word, '의 뜻?')
kor_word = input()
```

문제가 영어 리스트의 n번에서 출제되었다면, 대답도 한글 리스트의 n번에 있는지 확인해야 합니다. 한글 대답이 한글 리스트의 문제 값 번째 항목과 같은지 아닌지를 판단하는 소스 코드를 만듭니다. 정답인 경우에는 맞았다고 표시해주고, 그렇지 않으면 틀렸다고 표시해 줍니다.

```
if kor_word == hangul_list[n]:
    print('네 맞았어요, 영어', eng_word, '의 뜻은', kor_word, '입니다')
else:
    print('틀렸습니다')
```

2번을 눌러서 한글→영어를 입력하는 경우에도 유사하게 코딩합니다. 다음은 전체 소스 코드입니다.

⟨3-4-3.py⟩

```
import random
menus = [(1, '영어 → 한글'), (2, '한글 → 영어'), (3, '종료')]
english_list = ['apple', 'bed', 'clock', 'cat', 'dog']
hangul_list = ['사과', '침대', '시계', '고양이', '개']
while True:
    for i, n in menus:
        print(i, n)
    c = int(input())
```

```
   if c == 1:
     n = random.randrange(5)
     eng_word = english_list[n]
     print('영어', eng_word, '의 뜻?')
     kor_word = input()
     if kor_word == hangul_list[n]:
       print('네 맞았어요, 영어', eng_word, '의 뜻은', kor_word, '입니다')
     else:
       print('틀렸습니다')
   elif c == 2:
     n = random.randrange(5)
     kor_word = hangul_list[n]
     print(kor_word, '은 영어로 무엇?')
     eng_word = input()
     if eng_word == english_list[n]:
       print('네 맞았어요,', kor_word, '은 영어로', eng_word, '입니다')
     else:
       print('틀렸습니다')
   elif c == 3:
     break
```

◆◆ 실습 4 ....

성적 평균 계산기를 만들어 봅시다. 과목명과 점수를 차례대로 입력하고, 더 이상 점수를 입력할 과목이 없으면 엔터키를 입력해 지금까지 입력한 과목과 점수를 보여주고 평균점수를 출력합니다.

```
과목명: 국어
점수: 100
과목명: 영어
점수: 90
과목명: 수학
점수: 85
과목명:
국어 100
영어 90
수학 85
평균은 91.66666666666667 입니다
>>>
```

먼저 시험 과목의 이름과 점수를 저장할 성적표 딕셔너리를 grades란 이름으로 생성합니다.

```
grades = {}
```

과목과 점수를 반복해서 입력하기 위해 while 문을 사용합니다.

먼저 과목 이름 name을 입력받고, 이름을 입력하지 않으면 반복문을 빠져나갑니다.

```
    name = input("과목명: ")
    if not name:
        break;
```

다음으로 점수 score를 입력받아서 name을 키로 하여 딕셔너리 grades에 추가합니다.

```
    score = int(input("점수: "))
    grades[name] = score
```

과목과 점수의 입력이 끝나면 for 문으로 딕셔너리를 순회하며 과목과 점수를 출력하면서 점수의 합계를 구해서 sum 변수에 할당하고 과목의 개수는 n 변수에 할당합니다.

```
for k, v in grades.items():
    print (k, v)
    sum = sum + v
    n = n + 1
```

마지막으로 점수 평균을 합계/과목수로 계산하여 출력합니다.

```
print ('평균은', sum/n, '입니다')
```

다음은 완성된 예제의 전체 소스 코드입니다.

〈3-4-4.py〉

```
grades = {}

while True:
    name = input("과목명: ")
    if not name:
        break;
    score = int(input("점수: "))
    grades[name] = score
sum,n = 0,0
for k, v in grades.items():
    print (k, v)
    sum = sum + v
    n = n + 1
print ('평균은', sum/n, '입니다')
```

 실습 5 ··

수학에서 "에라토스테네스의 체"는 소수를 찾는 방법입니다. 고대 그리스 수학자 에라토스테네스가 발견한 방법으로 아래 알고리즘을 설명할 수 있습니다.

예를 들어 2부터 20까지의 숫자 중에서 소수를 구해봅시다.

---

❶ 2부터 소수를 구하고자 하는 구간의 모든 수를 나열합니다.

❷ 2는 소수이므로 오른쪽에 2를 씁니다.

❸ 자기 자신(2)를 제외한 2의 배수를 모두 지웁니다.

❹ 남아있는 수 가운데 3은 소수이므로 오른쪽에 3을 씁니다.

❺ 자기 자신(3)을 제외한 3의 배수를 모두 지웁니다.

❻ 남아있는 수 가운데 5는 소수이므로 오른쪽에 5을 씁니다.

❼ 자기 자신(5)을 제외한 5의 배수를 모두 지웁니다.

❽ 남아있는 수 가운데 7은 소수이므로 오른쪽에 7을 씁니다.

❾ 자기 자신(7)을 제외한 7의 배수를 모두 지웁니다.

❿ 위의 과정을 반복하면 구하는 구간의 모든 소수가 남게 됩니다.

---

01 2부터 20까지 모든 수를 나열합니다.

2, 3, 4, 5, 6, 7, 8, 9, 10, 11, 12, 13, 14, 15, 16, 17, 18, 19, 20	

02 2는 소수이므로 오른쪽에 2를 씁니다.

2, 3, 4, 5, 6, 7, 8, 9, 10, 11, 12, 13, 14, 15, 16, 17, 18, 19, 20	2

03 자기 자신(2)를 제외한 2의 배수를 모두 지웁니다.

2, 3, 4, 5, 6, 7, 8, 9, 10, 11, 12, 13, 14, 15, 16, 17, 18, 19, 20	2

04 남아있는 수 중 3은 소수이므로 오른쪽에 3을 씁니다.

2, 3, 4, 5, 6, 7, 8, 9, 10, 11, 12, 13, 14, 15, 16, 17, 18, 19, 20	2 3

05 자기 자신(3)을 제외한 3의 배수를 모두 지웁니다.

2, 3, 4, 5, 6, 7, 8, 9, 10, 11, 12, 13, 14, 15, 16, 17, 18, 19, 20	2 3

06 남아있는 수 중 5는 소수이므로 오른쪽에 5을 씁니다.

2, 3, 4, 5, 6, 7, 8, 9, 10, 11, 12, 13, 14, 15, 16, 17, 18, 19, 20	2 3 5

07 자기 자신(5)을 제외한 5의 배수를 모두 지웁니다.

2, 3, 4̶, 5, 6̶, 7, 8̶, 9̶, 1̶0̶, 11, 1̶2̶, 13, 1̶4̶, 1̶5̶, 1̶6̶, 17, 1̶8̶, 19, 2̶0̶	2 3 5

08 남아있는 수 중 7은 소수이므로 오른쪽에 7을 씁니다.

2, 3, 4̶, 5, 6̶, 7, 8̶, 9̶, 1̶0̶, 11, 1̶2̶, 13, 1̶4̶, 1̶5̶, 1̶6̶, 17, 1̶8̶, 19, 2̶0̶	2 3 5 7

09 자기 자신(7)을 제외한 7의 배수를 모두 지웁니다.

2, 3, 4̶, 5, 6̶, 7, 8̶, 9̶, 1̶0̶, 11, 1̶2̶, 13, 1̶4̶, 1̶5̶, 1̶6̶, 17, 1̶8̶, 19, 2̶0̶	2 3 5 7

10 위의 과정을 반복하면 구하는 구간의 모든 소수가 남게 됩니다.

2, 3, 4̶, **5**, 6̶, **7**, 8̶, 9̶, 1̶0̶, **11**, 1̶2̶, **13**, 1̶4̶, 1̶5̶, 1̶6̶, **17**, 1̶8̶, **19**, 2̶0̶	2 3 5 7

파이썬의 리스트를 사용하여 자연수 n이 주어졌을 때 2부터 n까지 숫자 중에서 소수를 구하는 알고리즘을 코드로 작성해 봅시다. 다음은 예제의 실행 화면입니다.

```
자연수 n: 20
2 3 5 7 11 13 17 19
>>>
```

먼저 n을 입력받습니다.

```
n = int(input('자연수 n: '))
```

다음으로 2부터 n까지 숫자에 대한 에라토스테네스의 체를 담을 리스트 sieve를 생성합니다. 항목의 값이 True이면 소수이고, False이면 소수가 아닌 것으로 정의합니다. 처음에는 모든 숫자를 소수로 가정하므로 100개의 True 값으로 초기화합니다.

```
sieve = [True] * n
```

2부터 n까지 반복을 합니다. 각 반복 i에 대해서 sieve[i]가 True이면 소수이므로 출력을 합니다.

```
for i in range(2, n):
    if sieve[i] == True:      # i가 소수인 경우
        print(i, end=' ')      # 소수 출력
```

i 이후 i의 배수들은 소수가 아니므로 sieve[i] 값을 False로 합니다.

```
for j in range(i+i, n, i): # i이후 i의 배수들을 False 판정
    sieve[j] = False
```

i의 배수들 처리를 위해 for 문의 range()에 증가값을 i로 사용하여 순회하면서 처리하는 방법을 눈여겨 보시기 바랍니다. 다음은 완성된 전체 소스 코드입니다.

〈3-4-5.py〉

```
n = int(input('자연수 n: '))
sieve = [True] * n          # sieve 리스트를 True로 초기화

for i in range(2, n):
    if sieve[i] == True:       # i가 소수인 경우
        print(i, end=' ')         # 소수 출력
        for j in range(i+i, n, i):  # i이후 i의 배수들을 False 판정
            sieve[j] = False
```

01 • 함수

함수는 다양한 소스 코드들을 한곳에 모으기 위해 만들어진 기능입니다. 여러 줄의 코드를 한 줄의 코드로 통합하면 복잡했던 코드가 간단하게 바뀌면서 가독성이 증가하여 코드를 쉽게 이해할수 있습니다. 그리고 함수를 한번 만들어 놓으면 반복되는 부분을 모아놓고 계속해서 필요할 때마다 쓸 수 있어 전체 코드 작성에 걸리는 시간이 짧아집니다. 함수를 사용하면 전체 프로그램을 모듈로 나눌 수 있어서 개발 과정이 쉬워지고 더욱 체계적이 되어 유지보수도 쉬워집니다. 예를 들어 우리가 지금까지 계속 사용한 print()는 파이썬이 미리 만들어서 제공하는 함수입니다. 함수는 사용자가 직접 만들 수도 있습니다.

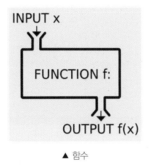

▲ 함수

예를 들어 화씨 온도를 섭씨로 바꿀 때 우리는 다음과 같은 수식을 사용합니다.

```
C=(F-32)*5/9
```

화씨 100도는 (100 − 32) * 5 / 9 = 37.778입니다. 위 수식을 파이썬 코드로 작성해 봅시다.

```
>>> f = 100
>>> c = (f - 32) * 5 / 9
>>> c
37.77777777777778
>>>
```

이번에는 화씨 80도는 섭씨로 몇 도일지 구해보도록 파이썬으로 코딩해 봅시다.

```
>>> f = 80
>>> c = (f - 32) * 5 / 9
>>> c
26.666666666666668
>>>
```

그렇다면 화씨 70도는 섭씨로 몇 도일까요? 파이썬으로 다시 코딩을 하려고 하다 보니 같은 코드를 계속해서 반복적으로 타이핑을 하는 것이 번거로우니 아래와 같이 간단히 코딩해 봅시다.

```
>>> convert(70)
21.11111111111111
>>>
```

 convert()란 함수를 만들어 놓으면 괄호 안에 화씨 온도를 입력하면 섭씨 온도를 반환해 줍니다. 다양하게 온도를 입력해 봅시다.

```
>>> convert(110)
43.333333333333336
>>> convert(65)
18.333333333333332
>>> convert(50)
10.0
>>>
```

그럼 함수는 어떻게 만들 수 있을까요? 일반적인 함수 생성의 방법은 아래와 같습니다.

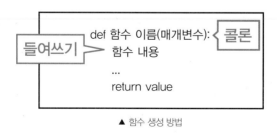

▲ 함수 생성 방법

- 함수 정의를 시작하는 키워드는 def 문입니다.
- def 문 이후에 함수 이름을 쓰고 괄호와 매개변수를 씁니다. 매개변수는 함수에 어떤 값을 전달할 때 사용하는 변수입니다. 매개변수는 없을 수도 있고 한 개 이상일 수도 있습니다.

- 함수 이름은 변수 이름을 정하는 규칙과 같이 정해줍니다. 함수가 하는 일을 함축적으로 잘 이해할 수 있도록 정해줘야 합니다.
- 닫는 괄호 다음에 반드시 콜론(:)을 적어줘야 합니다.
- 함수 내용은 들여쓰기를 해서 적어야 합니다.
- 함수가 반환해야 하는 값은 return 문을 적고, 반환값이 없는 경우에는 return문은 생략해도 됩니다.

앞에서 사용한 convert() 함수는 다음과 같이 만듭니다.

```
>>> def convert(fah):
        cel = (fah-32)*5/9
        return cel
```

다른 예제로 일상생활에서 많이 사용하는 제곱미터(㎡)를 평으로 바꾸는 함수 m2pyung()를 만들어 봅니다. (1㎡ = 0.3평)

```
>>> def m2pyung(m2):
        pyung = m2 * 0.3
        return pyung
```

함수를 이용해 84제곱미터는 25.2평이고, 112제곱미터는 33.6평인 것을 알 수 있습니다.

```
>>> m2pyung(84)
25.2
>>> m2pyung(112)
33.6
>>>
```

이번엔 return 값이 없는 예를 한번 들어보겠습니다. 이름을 입력하면 인사말을 하는 hi() 함수를 만들어 봅시다.

```
>>> def hi (name):
        print('안녕', name, '씨 반갑습니다!')
```

다음과 같이 이름을 입력해주면 인사말을 합니다.

```
>>> hi('홍길동')
안녕 홍길동 씨 반갑습니다!
>>>
```

이번에는 매개변수가 여러 개인 함수를 만들어 봅시다. 2차 방정식의 근의 공식을 이용합니다.

$$ax^2 + bx + c = 0 일 때 (단, a \neq 0)$$

$$x = \frac{-b \pm \sqrt{b^2 - 4ac}}{2a}$$

a,b,c 값을 입력했을 때 x를 구해주는 근의 공식을 함수로 만들어 봅시다.

```
>>> def quadratic(a, b, c):
        d = (b * b - 4 * a * c) ** 0.5
        x = (-b + d) / (2 * a)
        return x
```

예를 들어보겠습니다. $x^2 - 2x - 3 = 0$에서 x값을 구하면, $3^2 - 2x3 - 3 = 9 - 6 - 3 = 0$ 으로 3.0이 정답임을 알 수 있습니다.

```
>>> quadratic(1,-2,-3)
3.0
>>>
```

02 ◆ 함수의 입출력

함수의 입출력을 자세히 살펴봅시다. 함수에 입력으로 값(정보)을 전달할 수 있습니다. 이 값을 인수(argument)라고 합니다. 또한 함수의 출력으로 값을 반환(return)할 수 있습니다. 앞에서 만든 convert() 함수를 입출력을 포함해서 그림으로 그려보면 아래와 같습니다.

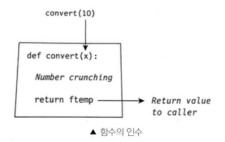

▲ 함수의 인수

입력값인 인수(argument)는 함수를 호출하는 쪽에서 넘겨주는 값입니다. 이에 대해 매개 변수(parameter)는 함수에서 넘겨받아 사용되는 변수입니다. 그런데 인수와 매개변수는 보통 혼용해서도 사용하기 때문에 파이썬에서 크게 구분을 하지는 않습니다. 단 매개변수와 인수의 개수는 서로 일치해야 합니다.

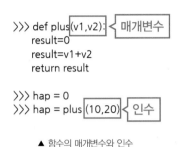

▲ 함수의 매개변수와 인수

위 그림에서 함수 plus(v1, v2) 정의에서 v1, v2는 매개변수이고 plus(10,20)과 같이 함수 호출에서 10, 20은 인수입니다.

```
>>> def plus (v1,v2):
        result = v1 + v2
        return result


>>> plus (10)
Traceback (most recent call last):
 File "<pyshell#84>", line 1, in <module>
  plus (10)
TypeError: plus() missing 1 required positional argument: 'v2'
>>> plus (10,20)
30
>>>
```

코드를 실행해보면 plus(v1, v2)와 같이 함수 정의에서 매개변수는 두 개인데 인수를 plus(10)처럼 한 개만 사용해서 호출했기 때문에 인수가 부족하다(missing argument)는 에러가 발생했습니다. plus(10, 20)처럼 인수 개수를 동일하게 두 개로 하면 함수가 잘 동작하여 결과가 잘 출력됩니다.

출력 값을 한 개 이상 반환하려면 어떻게 할 수 있을까요? 여러 가지 방법이 있지만 여기서는 제일 간단한 방법으로 결과값 여러개를 쉼표로 구분하여 반환하는 방법의 예를 보여줍니다.

```
>>> def f():
        return True, False

>>> x, y = f()
>>> print(x)
True
>>> print(y)
False
>>>
```

사실상 결과값을 튜플로 반환하는 방법입니다. 위 예제에서는 반환된 튜플이 (값1, 값2)로 되는 셈입니다. 앞에서 작성한 quadratic() 함수는 값을 한 개 반환하지만 정확하게는 두 개를 반환해야 합니다. 두 개 값을 반환하도록 함수를 수정해 보겠습니다.

```
>>> def quadratic(a, b, c):
        d = (b * b - 4 * a * c) ** 0.5
        x1 = (-b + d) / (2 * a)
    x2 = (-b - d) / (2 * a)
        return x1, x2
```

아래는 사용 예입니다. $x^2 - 2x - 3 = 0$에서 x 값을 구합니다.

```
>>> a, b = quadratic(1,-2,-3)
>>> a
3.0
>>> b
-1.0
```

이전과는 달리 반환값이 두 개이기 때문에 a, b 튜플로 받았고 3과 −1 두 개 값이 반환된 것을 확인하였습니다.

지금까지 예제에서 사용한 인수를 "위치 기반 인수(positional argument)"라고 합니다. 인수가 여러 개일 때 위치를 기반으로 순서를 정하는 방식입니다. 이에 반해 인수에 이름을 붙여서 위치에 상관없이 사용할 수도 있습니다. 앞에서 출력 결과를 한 줄에 표시하기 위해 print() 함수에서 end 인수를 'end=" "'와 같이 사용했습니다.

```
>>> for i in range(1, 6, 1):
        print ("%d " % i, end=" ")

1 2 3 4 5
```

이때 사용하는 end= 와 같은 인수를 "이름이 있는 인수(named argument)"라고 합니다. end와 같이 인수에 이름을 붙여 호출하는 방식을 사용자가 정의한 함수에서도 사용할 수 있습니다. 아래 예제에서와 같이 e=3, b=2처럼 '인수 이름=값'과 같이 호출합니다.

```
>>> def expo(a, b, e):
        return a * (b**e)
>>> expo(1, 2, 5)
32
>>> expo(1, e=3, b=2)
8
>>>
```

이름이 있는 인수는 인수가 실제로 무엇을 의미하는지 알 수 있어 사용에 편리합니다. 이름이 있는 인수를 사용하려면 사용자가 정의한 함수의 매개변수 이름을 알아야 합니다. 본인이 작성했지만 오래되어서 기억이 나지 않을때는 help() 함수를 사용합니다.

```
>>> help(expo)
Help on function expo in module _main_:

expo(a, b, e)

>>>
```

아래 우리가 자주 사용하는 print 함수를 help에 넣어서 호출한 예제입니다.

```
>>> help(print)
Help on built-in function print in module builtins:

print(...)
    print(value, ..., sep=' ', end='\n', file=sys.stdout, flush=False)

    Prints the values to a stream, or to sys.stdout by default.
    Optional keyword arguments:
    file: a file-like object (stream); defaults to the current sys.stdout.
```

```
   sep:   string inserted between values, default a space.
   end:   string appended after the last value, default a newline.
   flush: whether to forcibly flush the stream.

>>>
```

위에서 작성한 quadratic() 함수를 이름이 있는 인수 방식으로 호출해 봅시다.

```
>>> a, b = quadratic(a=1, b=-2, c=-3)
>>> a, b
(3.0, 1.0)
>>> a, b = quadratic(c=-3, a=1, b=-2)
>>> a, b
(3.0, 1.0)
```

이름 있는 인수는 인수의 순서에 상관없이 결과가 동일한 것을 확인할 수 있습니다.

함수의 정의 부분에 "인수=기본값" 과 같은 형식으로 디폴트 인수를 줄 수 있습니다.

```
>>> def repeat_string(str, n=1):
        for I in range(n):
          print(str)
```

아래 디폴트 인수를 사용한 함수의 호출 예제입니다.

```
>>> repeat_string('안녕', 3)
안녕
안녕
안녕
>>> repeat_string('안녕')
안녕
>>>
```

repeat_string() 함수의 두 번째 인자는 디폴트값이 3으로 첫 번째 인자를 출력하는 횟수입니다. 특별히 지정하지 않으면 1로 값이 결정되어 한 번만 출력하게 됩니다. print() 함수의 end 인수의 디폴트값은 '\n'입니다. 즉 print(str)는 print(str, end='\n')인 셈입니다.

인수로 넘겨진 변수는 함수 안에서 값을 변경해도 원래의 값은 변하지 않습니다. 다음 예제를 봅시다.

```
def try_to_change(number):
  print('(함수) 입력:', number)
  number = 10
  print('(함수) 변경:', number)


number = 1

print('호출 전:', number)
try_to_change(number)
print('호출 후:', number)
```

number를 1로 초기화한 후 함수 내부에서 10으로 변경했지만 실행을 해 보면 값이 변동이 없습니다.

```
====
호출 전: 1
(함수) 입력: 1
(함수) 변경: 10
호출 후: 1
>>>
```

03 ◆ 리스트 응용

지금까지는 함수의 인수로 숫자 아니면 문자열과 같은 단순한 자료형만 사용했는데 이번에는 좀 복잡한 리스트를 인수로 넘기는 경우를 살펴보겠습니다. 리스트를 인수로 넘겨주면 함수는 리스트의 내용을 바로 접근할 수 있습니다.

```
>>> def greet_users(name_list):
        for name in name_list:
            print('안녕하세요', name, '!')
```

greet_users() 함수에 인자로 name_list를 넘겨주고 함수 내부에서는 for 문으로 리스트를 순회하면서 인사말을 출력합니다.

```
>>> user_list = ['김유신', '강감찬', '이순신']
>>> greet_users(user_list)
안녕하세요 김유신 !
안녕하세요 강감찬 !
안녕하세요 이순신 !
>>>
```

앞에서 인수로 넘어온 변수를 함수 내부에서 변경했을 때 원래 값은 변화가 없지만, 리스트를 인수로 넘겨주면 함수는 리스트의 내용을 바로 수정합니다. greet_users() 함수를 수정해 보도록 하겠습니다.

```
def greet_users(name_list):
  while name_list:
    name = name_list.pop()
    print ('안녕하세요', name, '!')
```

for 문 대신 while 문을 사용하고 리스트에서 항목이 남아있는 동안 반복해서 항목을 꺼내서 인사말을 출력합니다. 이때 pop()을 사용하기 때문에 리스트에서 항목이 제거됩니다. 이제 이 함수를 호출해 보겠습니다.

```
>>> user_list = ['김유신', '강감찬', '이순신']
>>> greet_users(user_list)
안녕하세요 김유신 !
안녕하세요 강감찬 !
안녕하세요 이순신 !
>>> print(user_list)
[ ]
>>>
```

함수 호출 후 리스트를 출력해보니 항목이 하나도 없는 비어 있는 리스트[ ]가 된 것을 확인 할 수 있습니다. 리스트의 내용이 수정되는 것을 방지하려면 인수를 넘겨줄 때 리스트의 사본(copy)을 넘겨주면 됩니다.

```
>>> user_list = ['김유신', '강감찬', '이순신']
>>> greet_users(user_list[:])
안녕하세요 김유신!
안녕하세요 강감찬!
안녕하세요 이순신!
>>> print(user_list)
['김유신', '강감찬', '이순신']
>>>
```

인자로 user_list[:]과 같이 사본을 넘겨주어서 함수 호출 후에도 원본 user_list는 변화가 없습니다.

 실습1 ···

섭씨 온도를 화씨 온도로 바꾸는 함수 celcius_fahrenheit()를 작성하여 봅시다.

```
>>> celcius_fahrenheit(30)
86.0
>>> celcius_fahrenheit(36)
96.8
>>> celcius_fahrenheit(0)
32.0
>>>
```

섭씨를 화씨로 바꾸는 수식은 C*9/5+32으로 이를 바탕으로 함수를 작성합니다. 아래는 소스 코드입니다.

⟨3-5-1.py⟩

```
def celcius_fahrenheit(temp):
    fahr = temp*9/5+32
    return fahr
```

 실습2 ···

2진수를 10진수로 바꾸는 함수 bin2dec()를 작성하여 봅시다. 간단하게 하기 위해서 소수 부분 없이 정수 부분만 있다고 가정합니다. 2진수에서 10진수로 바꾸기 위해서는 2진수의 자릿수에서 1을 뺀 숫자를 지수로 한 후 해당 숫자와 곱해 주는 방식으로 10진수로 변환합니다. 예를 들어 2진수 $(11010)_2$는 아래와 같은 방식으로 10진수로 변환합니다.

$$(11010)_2 = (26)_{10}$$
$$1 \times 2^4 + 1 \times 2^3 + 0 \times 2^2 + 1 \times 2^1 + 0 \times 2^0 = 26$$

▲ 이진수를 십진수로 변환하는 예제

아래 함수 호출 예제 화면입니다.

```
>>> bin2dec(11010)
26
>>> bin2dec(1111)
15
>>>
```

먼저 함수 정의를 def 키워드로 시작하고 인자를 str() 함수를 사용하여 문자열로 변환한 후 len( )
함수를 사용하여 이진수 문자열의 길이를 구합니다.

```
def bin2dec(bin_number):
  bin_str = str(bin_number)
  size = len(bin_str)
```

while 반복문을 사용하여 이진수 문자열을 왼쪽 숫자부터 하나씩 체크하여 '1'인 경우 자릿수에서 1
뺀 숫자를 지수로 하여 더해 줍니다. 지수 계산을 위해 x^y를 계산해주는 수학 함수 pow(x, y)를 사
용합니다. 여기서는 이진수이므로 pow(2, size−1)과 같이 사용합니다.

```
while size > 0 :
  if(bin_str[i] == '1'):
    sum = sum + pow(2, size-1)
```

아래는 전체 소스 코드입니다.

〈3-5-2.py〉

```
def bin2dec(bin_number):
  bin_str = str(bin_number)
  size = len(bin_str)
  sum = 0
  i = 0
  while size > 0 :
    if(bin_str[i] == '1'):
      sum = sum + pow(2, size-1)
```

```
    size = size - 1
    i = i + 1
  return sum
```

 실습 3 ••

로또 번호를 만들어 주는 함수 lotto()를 만들어 봅시다.

```
>>> lotto()
'22 74 20 21 38 82'
>>> lotto()
'18 18 26 75 35 59'
>>>
```

임의의 수는 앞에서 배운 random.randint()를 사용해서 생성합니다. 아래는 로또 번호 만들어주는
프로그램의 전체 소스 코드입니다.

〈3-5-3.py〉

```
def lotto():
  import random

  ret_val=""
  random_number=0
  for i in range(6):
    random_number = random.randint(1,100)
    ret_val = ret_val + " " + str(random_number)

  return ret_val
```

 실습 4 ••

숫자를 입력하면 각 자릿수의 숫자 전부를 더한 값을 출력하는 함수 sum_digits()를 만들어 봅시다.

```
>>> sum_digits(123)
6
>>> sum_digits(12345)
15
>>>
```

다음은 프로그램의 전체 소스 코드입니다.

〈3-5-4.py〉

```
def sum_digits(n):
    sum = 0
    temp = n
    while temp != 0:
        remainder = temp % 10
        sum += remainder
        temp = temp // 10

    return sum
```

 실습 5 ··

년도를 입력하면 윤년인지 아닌지 판단하는 함수 isLeapYear()를 만들어 봅시다.

■ 연도가 4로 나누어 떨어지면 윤년이다.
■ 100으로 나누어 떨어지는 연도는 제외한다.
■ 400으로 나누어 떨어지면 연도는 윤년이다.

```
>>> isLeapYear(2004)
True
>>> isLeapYear(1900)
False
>>> isLeapYear(2000)
True
>>> isLeapYear(2001)
False
>>>
```

다음은 프로그램의 전체 소스 코드입니다.

〈3-5-5.py〉

```
def isLeapYear(year):
    return year % 400 == 0 or (year % 4 == 0 and year % 100 != 0)
```

04 ◆ 파일

컴퓨터에서 파일은 데이터를 영구적으로 저장하고 싶을 때 사용합니다. 파이썬 프로그램과 프로그램 내부에서 사용되는 변수는 컴퓨터 메모리에 존재하는데 이것들은 전원이 꺼지면 모두 사라지게 됩니다. 컴퓨터의 기억장치에는 메모리와 하드 디스크가 있는데 메모리는 전원이 꺼지면 데이터가 사라지는 반면에 하드 디스크는 전원이 꺼져도 데이터가 보존됩니다. 따라서 프로그래머는 데이터를 영구적으로 간직하기 위해 하드 디스크에 파일을 만들고 여기에 데이터를 저장합니다. 컴퓨터에서 사용되는 파일은 크게 텍스트 파일과 바이너리 파일로 나뉩니다. 텍스트 파일은 사람이 읽을 수 있는 텍스트 문자로 이루어진 파일이고 바이너리 파일은 컴퓨터가 이해할 수 있는 바이너리 숫자 데이터로 이루어진 파일입니다.

To be, or not to be
That is the question
Whether 'tis nobler in the
mind to suffer the slings and
arrows of outrageous
fortune

Hamlet Act 3

09 18 E3 FF 03 7A FE 00
33 76 67 8B 32 99 38 E0
87 27 E3 95 03 7A FE 00
25 76 67 EE 76 8B E0

Text file   Binary file

▲ 텍스트 파일 vs 바이너리 파일

파일에 데이터를 읽고 쓰기 위해 3단계를 거쳐 작업합니다. [파일 열기] → [작업(파일에서 데이터를 읽거나 쓰기)] → [파일 닫기] 순서를 따릅니다.

파일을 읽고 쓰기 전에 파일을 열어야 합니다.

파일 객체 = open(파일명, 모드)

모드	내용
r(읽기 모드)	파일의 처음부터 읽습니다.
w(쓰기 모드)	파일의 처음부터 씁니다. 파일이 없으면 새로 만들고, 파일이 있으면 내용을 덮어 기존의 내용이 지워집니다.
a(추가 모드)	파일의 끝에 씁니다 기존의 내용 뒤에 덧붙이거나 파일이 없으면 새로 만듭니다.
t	텍스트 파일, 아무것도 명시하지 않을 때의 기본값입니다.
b	바이너리 파일
모드의 두 번째 글자는 파일의 타입(텍스트, 바이너리)을 명시하는 글자입니다.	

모드는 옵션으로 명시하지 않으면 기본값은 "rt", 즉 텍스트 파일 읽기 모드입니다. 다음 예제 코드에서 "test.txt"란 이름의 텍스트 파일을 읽기 모드로 열어서 fileA라는 이름의 객체에 할당한다는 의미입니다.

```
>>> fileA = open("test.txt", "r")
>>>
```

파일 작업을 다 한 후에는 파일을 반드시 닫아야 합니다.

```
파일 객체.close()
```

파일을 열고 닫는 법을 알았으니 이제 본격적으로 파일 작업(읽고 쓰기)을 해 봅시다. 먼저 파일을 열어서 파일 객체를 얻은 후에 파일에 데이터를 쓰는 방법을 알아봅니다.

```
파일 객체.write(문자열)
```

여기서는 간단하게 텍스트 파일에 글자를 써 보겠습니다.

```
>>> fileA = open("test.txt", "w")
>>> fileA.write("안녕하세요 파일 한줄 쓰기")
14
>>> fileA.close()
>>>
```

"test.txt"라는 이름의 파일을 쓰기 모드로 열어서 "안녕하세요 파일 한줄 쓰기"라는 문자열을 쓰고 난 후 파일을 닫습니다. write() 함수는 파일에 쓴 바이트 수(14)를 반환합니다. 이제 윈도우에서 파일 탐색기로 파이썬 코딩을 하는 디렉토리를 찾아보면 "test.txt"라는 파일이 생성된 것을 볼 수 있습니다. 아래 "test.txt" 내용을 메모장으로 열어서 보여주었습니다.

▲ 파일 탐색기로 test.txt 생성 확인

▲ test.txt 파일 내용

만약 다음과 같이 write() 함수를 두 번 호출하면 어떻게 될까요?

```
>>> fileB = open("테스트.txt", "w")
>>> fileB.write("안녕하세요 파일 한줄 쓰기")
14
>>> fileB.write("다음 한줄 쓰기")
8
>>> fileB.close()
>>>
```

아래 "테스트.txt" 파일의 내용입니다.

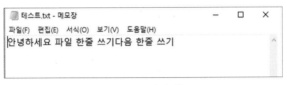

▲ 테스트.txt 파일 내용

"안녕하세요 파일 한줄 쓰기" 다음 줄에 "다음 한줄 쓰기"가 있어야 하는데 한줄에 모두 쓰여져 있어서 예상했던 결과가 아닙니다. 우리가 화면에 출력을 할 때 사용하는 print() 함수는 자동으로 줄바꿈을 해주지만 파일에 쓰는 write() 함수는 자동으로 줄바꿈을 해주지 않습니다. 따라서 write()에 줄바꿈 문자(\n)을 넣어줘야 합니다.

```
>>> fileB = open("테스트.txt", "w")
>>> fileB.write("안녕하세요 파일 한줄 쓰기\n")
15
>>> fileB.write("다음 한줄 쓰기\n")
9
>>> fileB.close()
>>>
```

아래 "테스트.txt" 파일의 내용입니다.

▲ 테스트.txt 파일 내용(수정1)

줄 바꿈이 잘 되어 있는 것을 확인할 수 있습니다. 세 번째 예제에서는 두 번째 예제와 동일하게 파일 이름을 "테스트.txt"로 했습니다. 두 번째 파일의 내용을 덮어쓴 것을 확인할 수 있는데 이처럼 쓰기 모드(w)일 때 기존에 파일이 존재하는 경우 그 내용을 삭제하고 덮어쓰니 주의하기 바랍니다.

내용을 추가해서 쓰려면 추가 모드(a)로 파일을 열어야 합니다. 위에서 작성한 "테스트.txt" 파일에 한 줄 더 추가해서 쓰는 예제 코드입니다.

```
>>> fileB = open("테스트.txt", "a")
>>> fileB.write("한줄 더 추가해서 쓰기₩n")
13
>>> fileB.close()
>>>
```

쓰기 모드로 열었을 때와 달리 기존의 "테스트.txt" 파일의 내용을 지우지 않고 맨 뒤에 한 줄을 더 추가한 것을 확인할 수 있습니다.

▲ 테스트.txt 파일 내용(수정2)

이제 텍스트 파일을 읽어보겠습니다. 먼저 파일을 읽기 모드로 열면 반환되는 파일 객체는 리스트와 유사한 성격을 가지고 있어서 for 문으로 순회가 가능합니다.

```
>>> inFile = open("테스트.txt", "r")
>>> for line in inFile:
        print (line)
```

안녕하세요 파일 한줄 쓰기

다음 한줄 쓰기

한줄 더 추가해서 쓰기

```
>>>
```

쓰기 예제에서 마지막으로 쓴 "테스트.txt" 파일을 읽기 모드로 열었습니다. open()의 반환 값으로 파일 객체 inFile을 받았는데 이 객체는 파일의 각각의 줄을 읽어서 리스트의 한 항목으로 할당하여 가지고 있기 때문에 for 문에서 순회하면서 print로 한 줄씩 화면에 출력할 수 있습니다.

그런데 for 문의 print 함수의 출력 결과가 어딘지 좀 어색해 보입니다. 그 이유는 "테스트.txt" 파일은 각 줄에 줄바꿈 문자가 이미 포함되어 있는데 print 함수가 줄바꿈을 기본으로 해주기 때문에 줄바꿈이 두 번 일어나 메모장으로 볼 때와 결과가 달리 보여서 어색한 것입니다. 이런 경우 print 함수가 출력 시 기본으로 하는 줄 바꿈을 없애면 정상적으로 보이게 됩니다. 우리는 이미 앞에서 print() 함수의 이름이 있는 인수(end)의 디폴트값을 '\n'에서 다른 값으로 지정해서 여러 줄로 나오는 print 문 결과를 한 줄로 출력하는 방법을 배웠습니다. end 인자를 end='' 와 같이 지정해주면 됩니다. 아래 수정된 소스 코드와 실행 결과를 보면 줄 바꿈이 사라져서 깨끗하게 출력되는 것을 볼 수 있습니다.

```
>>> inFile = open("테스트.txt", "r")
>>> for line in inFile:
        print (line, end='')


안녕하세요 파일 한줄 쓰기
다음 한줄 쓰기
한줄 더 추가해서 쓰기
>>>
```

파일의 크기가 크지 않은 경우에는 read()를 인자 없이 호출하면 한 번에 전체 파일을 읽을 수 있습니다.

```
문자열 = 파일 객체.read([최대문자수])
```

최대문자수 인자는 대괄호 안에 있어서 옵션으로 read()와 같이 인자 없이 호출이 가능합니다. 다만 파일이 크기가 큰 경우에는 메모리 소비가 문제가 될 수 있으니 인자 없이 호출하는 것은 작은 크기의 파일의 경우에만 사용하는 것이 좋습니다.

```
>>> inFile = open("테스트.txt", "r")
>>> text = inFile.read()
>>> print(text)
안녕하세요 파일 한줄 쓰기
다음 한줄 쓰기
한줄 더 추가해서 쓰기

>>>
```

위 소스 코드의 "text = inFile.read()"와 같이 호출하면 read() 함수는 결과를 하나의 문자열로 반환합니다. 여기서는 text가 반환된 문자열의 이름이고 print(text)와 같이 문자열을 출력하였습니다.

파일이 크기가 큰 경우 또는 read()시 한 번에 읽는 문자수를 제한하려면 read()에 인자로 최대문자수를 입력하면 됩니다. 위 예제와 동일한 파일을 10바이트씩 읽어보겠습니다. read(10)과 같이 호출하면 정확히 10바이트씩 읽어서 반환합니다. read(10)을 3번 호출하고 결과를 출력했습니다.

```
>>> inFile = open("테스트.txt", "r")
>>> text = inFile.read(10)
>>> text2 = inFile.read(10)
>>> text3 = inFile.read(10)
>>> print(text)
안녕하세요 파일 한
>>> print(text2)
줄 쓰기
다음 한줄
>>> print(text3)
 쓰기
한줄 더 추
>>>
```

안녕하세요 파일 한줄 쓰기   처음 10개
다음 한줄 쓰기   다음 10개
한줄 더 추가해서 쓰기   다음 10개

text 문자열은 한글 문자 8개에 공백 문자 2개로 전부 10개 문자가 맞습니다. text2는 한글 문자 7개에 공백 문자 2개로 9개 문자이고, text3도 한글 문자 6개에 공백 문자 3개로 9개 문자인 것은 눈에 보이지 않는 줄바꿈 문자(\n)가 포함되어 있어서 그렇습니다.

파일이 큰 경우 다른 방법으로 파일을 줄 단위로 읽을 수가 있는데 이 경우 readline() 함수를 사용합니다.

```
문자열 = 파일 객체.readline()
```

위 예제를 readline()으로 한 줄씩 읽어서 출력해보겠습니다.

```
>>> inFile = open("테스트.txt", "r")
>>> line1 = inFile.readline()
>>> line2 = inFile.readline()
>>> line3 = inFile.readline()
>>> print(line1)
안녕하세요 파일 한줄 쓰기

>>> print(line2)
다음 한줄 쓰기

>>> print(line3)
한줄 더 추가해서 쓰기

>>>
```

read(n)은 최대 n값만큼만 읽지만 readline()은 줄바꿈이 나올 때까지 줄단위로 읽어서 반환합니다. 파일이 크지 않은 경우 readlines()를 사용하면 파일의 전체 내용을 문자열의 리스트로 읽을 수 있습니다.

```
문자열 리스트 = 파일객체.readlines()
```

전체 내용을 한 번에 읽기 때문에 readlines()는 read()와 마찬가지로 파일이 아주 큰 경우에는 조심해서 사용해야 합니다. 리스트를 반환하기 때문에 아래와 같이 for 문에서 순회하면서 사용할 수 있습니다.

```
>>> inFile = open("테스트.txt", "r")
>>> lines = inFile.readlines()
>>> for line in lines:
        print(line, end='')


안녕하세요 파일 한줄 쓰기
다음 한줄 쓰기
한줄 더 추가해서 쓰기
>>>
```

실습 6 ···

사용자에게 텍스트 파일 이름을 입력받아서 파일의 각 줄에 줄번호를 붙여서 출력해주는 프로그램
을 작성해 봅시다. 아래는 실행 화면 예제입니다.

```
파일명: 테스트.txt
1 : 안녕하세요 파일 한줄 쓰기
2 : 다음 한줄 쓰기
3 : 한줄 더 추가해서 쓰기
>>>
```

줄번호를 붙이기 위해서 줄 단위로 읽어야 합니다. 파일이 크기가 작으니 여기서는 readlines()를 사
용해 봅시다.

〈3-5-6.py〉

```
filename=input("파일명: ")
aFile = open(filename, "r")
lines = aFile.readlines()
i=1
for line in lines:
  print (i, ":", line, end="")
  i = i + 1
aFile.close()
```

◆ 실습 7 ···

사용자에게 텍스트 파일 이름을 입력받아서 파일의 글자수와 단어수 그리고 줄의 갯수를 출력해주
는 프로그램을 작성해 봅시다. 아래는 실행 프로그램 예제입니다.

```
파일명: 테스트.txt
37개의 문자
11개의 단어
3개의 줄
>>>
```

글자 수를 세기 위해 일단 전체 파일을 read()를 사용하여 하나의 문자열로 읽습니다.

```
s = infile.read()
```

문자열의 문자 개수를 얻기 위해 len() 함수를 사용합니다.

```
n = len(문자열)
```

print시 "개의 문자"와 같이 연결해서 출력을 해야 해서 str()으로 숫자를 문자열로 변환합니다.

```
print(str(len(s)) + "개의 문자")
```

단어의 개수를 구하기 위해 일단 문자열을 단어 단위로 잘라야 하는데 자르기 위해 문자열의 split()
함수를 사용합니다.

```
리스트 = 문자열.split()
```

split()은 공백을 기준으로 문자열을 나누어서 단어로 이루어진 리스트를 반환합니다. 단어의 개수
는 리스트의 항목 개수이므로 len()을 사용해서 구합니다.

```
print(str(len(s.split())) + "개의 단어")
```

마지막으로 줄의 개수는 split()시 개행문자('\n')를 기준으로 문자열을 나누면 줄이 되므로 split('\
n')과 같이 호출하여 계산합니다.

```
print(str(len(s.split('\n'))-1) + "개의 줄")
```

다음은 전체 소스 코드입니다.

〈3-5-7.py〉

```
filename = input("파일명: ")
infile = open(filename, "r")
s = infile.read()
print(str(len(s)) + "개의 문자")
print(str(len(s.split())) + "개의 단어")
print(str(len(s.split('\n'))-1) + "개의 줄")
infile.close()
```

05 • 모듈

컴퓨터 프로그래밍에서 모듈은 일반적으로는 "독자적인 기능을 갖는 구성 요소"를 의미합니다. 남들이 만들어 놓은 모듈을 재사용하여 프로그래머의 생산성을 크게 높입니다. 이 장의 맨 앞에서 코드들을 한곳에 모은 것을 함수라고 정의했습니다. 파이썬에서는 한발 더 나아가 사용자가 정의한 함수들을 모듈이라고 불리는 분리된 파일에 저장하고, 그 모듈을 메인 프로그램에서 import해서 사용할 수 있습니다. 모듈 파일을 메인 프로그램이 있는 파일과 분리하면 모듈의 자세한 내용을 숨기고 다른 사람에게도 공유할 수 있는 장점이 있습니다. 모듈은 크게 3가지로 표준 모듈, 사용자 생성 모듈, 서드 파티 모듈이 있습니다.

모듈	기능
표준 모듈	파이썬 설치시 함께 설치되는 모듈
사용자 생성 모듈	프로그래머가 직접 작성한 모듈
서드 파티(3rd Party) 모듈	파이썬 재단, 재단 소속 프로그래머가 아닌 다른 프로그래머 또는 업체에서 제공한 모듈(사용자가 따로 설치)

여기서는 사용자 생성 모듈에 대해서 배워보겠습니다. 지금까지 모든 예제, 실습 프로그램은 소스 코드가 한 개였습니다. 소스 파일이 두 개 이상이 될 때 모듈 개념이 등장합니다. 먼저 다음 코드를 작성한 후 calculator.py 라는 이름으로 저장합니다.

〈calculator.py〉

```python
def plus(a, b):
    return a+b

def minus(a, b):
    return a-b

def multiply(a, b):
    return a*b;

def divide(a, b):
    return a/b
```

[IDLE] 〉[New File]로 공백 소스를 만든 후 "calcualtor.py"라는 이름으로 모듈을 저장합니다. calculator.py 소스를 보면 def 문을 사용하여 plus, minus, multiply, divide란 이름으로 네 개의 사용자 정의 함수를 생성했습니다. 위에서 만든 calculator 모듈을 사용하는 프로그램을 test_calc.py 라는 이름으로 작성합니다.

```
import calculator

print(calculator.plus(10, 5))
print(calculator.minus(10, 5))
print(calculator.multiply(10, 5))
print(calculator.divide(10, 5))
```

[IDLE] 〉 [New File]로 공백 소스를 만든 후 "test_cal.py"라는 이름으로 저장합니다. 이제 프로그램을 실행해 봅시다.

```
= RESTART: C:/Users/seunguk/OneDrive/강의/프로그
스/test_calc.py =
15
5
50
2.0
>>>
```

▲ 모듈 사용 계산기 프로그램 실행 화면

예제 소스를 자세히 살펴보겠습니다.

```
import calculator
```

제일 처음 import 문을 사용했는데 import의 역할은 "다른 모듈 내의 코드에 대한 접근"을 가능하게 하는 것입니다. 코드는 변수나 함수를 의미하는데 여기서는 calculator.py라는 다른 모듈 내에 있는 plus(), minus(), multiply(), divide() 같은 함수를 사용할 수 있게 한 것입니다.

예제 소스랑 우리가 지금까지 import해서 사용했던 표준 모듈인 turtle 모듈과 random 모듈을 사용한 소스를 아래에 비교해 보겠습니다.

import calculator	import turtle	import random
`print(calculator.plus(10, 5))` `print(calculator.minus(10, 5))` `print(calculator.multiply` `(10, 5))` `print(calculator.divide` `(10, 5))` `'abcdefghijklmnopqrstu` `vwxyz'`	`t = turtle.Turtle()` `t.forward(100)`	`answer = random.randint` `(1,10)`

```
import 모듈 #모듈의 실제 파일명은 "모듈.py"
```

이와 같이 "import 모듈" 한 후에 모듈명.함수()와 같은 식으로 모듈을 사용하면 모듈 내의 모든 함수를 import합니다. 모듈 내의 특정 함수만 import하려면 from 모듈 import 함수로 작성합니다.

```
from 모듈 import 변수 또는 함수
```

위 예제를 대상으로 두 가지 방법을 아래 표로 비교해 보았습니다.

방법 1	방법 2
import calculator print(calculator.plus(10, 5)) print(calculator.minus(10, 5)) print(calculator.multiply(10, 5)) print(calculator.divide(10, 5))	from calculator import plus from calculator import minus from calculator import multiply from calculator import divide print(plus(10, 5)) print(minus(10, 5)) print(multiply(10, 5)) print(divide(10, 5))

방법 2는 import 문에서 사용할 변수나 함수의 이름을 일일이 명기했습니다. 여기선 plus, minus, multiply, divide 같은 함수 명을 하나씩 import했습니다. 반복을 방지하기 위해 "from calculator import"문을 줄여서 사용하는 방법이 있습니다.

방법 2-2	방법 2-3
from calculator import plus, minus print(plus(10, 5)) print(minus(10, 5)) ...	from calculator import * print(plus(10, 5)) print(minus(10, 5)) ...

"from calculator import"문 다음에 함수 이름을 콤마(,)를 이용해서 한 줄에 기입하는 방법 2-2와 아예 와일드카드 *를 이용한 방법 2-3입니다. 방법 2-3의 "from calculator import *"와 같은 코드는 되도록 사용하지 말 것을 권장합니다. 그 이유는 코드가 복잡해지고 모듈의 수가 많아지면 어떤 모듈 또는 어떤 변수, 함수를 불러오고 있는지 파악하기 힘들어지기 때문입니다.

모듈명이 너무 길면 as 키워드를 사용하여 간단히 줄여서 사용할 수 있습니다.

방법 1에서 as 사용	패키지와 함께 as 사용
import calculator as c print(c.plus(10, 5)) print(c.minus(10, 5)) …	from my_package import calculator as c print(c.plus(10, 5)) print(c.minus(10, 5)) …

모듈을 모아놓은 것을 패키지라고 합니다. 패키지는 모듈 꾸러미로 이해합니다. 모듈이 하나의 파이썬 파일인 것처럼 패키지는 파일들을 모아놓은 디렉토리입니다.

나만의 패키지를 만들어 봅시다. 먼저 my_package라는 이름으로 디렉토리를 만들고 좀 전에 만든 calculator 모듈(calculator.py)을 복사해서 붙여 넣습니다.

▲ 패키지(my_package)

"from 모듈 import 함수"에서 모듈 대신 패키지를 사용해서 from 패키지 import 함수와 같이 사용합니다.

```
from my_package import calculator
print(calculator.plus(10, 5))
```

피보나치 수열을 만드는 함수 fib(n)을 모듈로 만들어서 사용해 봅시다. 피보나치 수열이란 처음 두 항을 1과 1로 한 후, 그 다음 항부터는 바로 앞의 두 개의 항을 더해 만드는 수열을 말합니다. 그러므로 피보나치 수열의 처음 몇 개의 항은 1 1 2 3 5 8 13 21 34 55과 같이 됩니다.

```
def fib(n):
  a, b = 0, 1
  while a < n:
    print(a, end=' ')
    a, b = b, a+b
  print()
```

[IDLE] 〉 [New file]로 공백 소스 코드를 만든 후 "fibo_py"이름으로 저장합니다.
이제 다음과 같이 fibo.py 모듈을 사용합니다.

```
>>> import fibo
>>> print(fibo.fib(100))
1 1 2 3 5 8 13 21 34 55 89
None
>>>
```

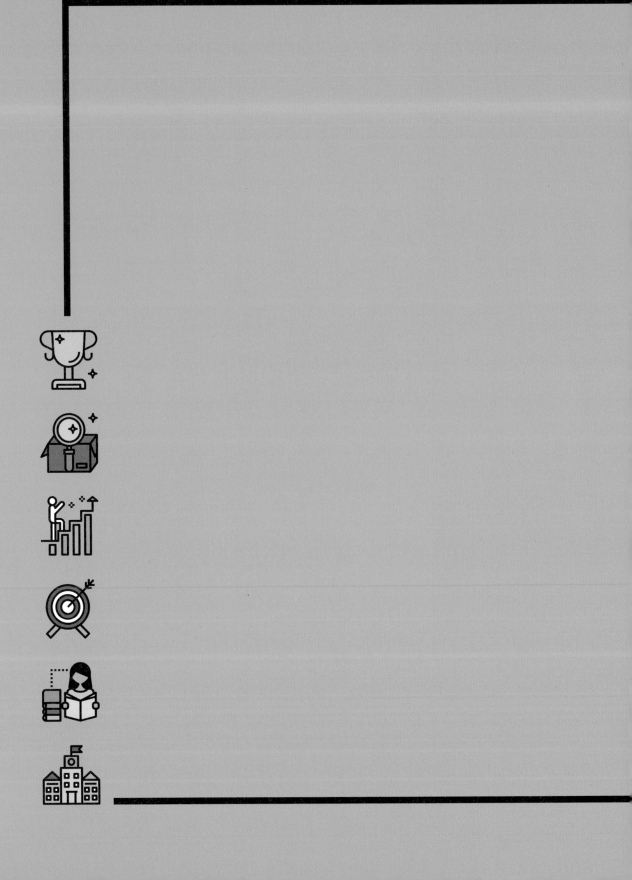

피지컬 컴퓨팅

햄스터 로봇을 이용하여 피지컬 컴퓨팅의 원리를 이해하고,
기본적인 피지컬 컴퓨팅 프로그래밍을 경험해 봅시다.
파이썬 코드를 작성하여 햄스터 로봇이 센서값에 따라
다양하게 반응하며 움직이도록 만들어 봅시다.

피지컬 컴퓨팅

피지컬 컴퓨팅이란 컴퓨터와 현실 세계가 상호 작용하는 활동을 의미합니다. 좀 더 구체적으로 말하자면 센서들을 통해 외부 세계의 값을 입력받고, 프로그램의 명령에 따라 하드웨어 장치를 제어하는 활동을 의미합니다. 이번 장에서는 햄스터 로봇의 센서 값으로 주변 환경을 감지하고 장애물을 피하거나 길을 따라가는 등의 피지컬 컴퓨팅 활동을 해봅니다.

피지컬 컴퓨팅의 이해

01 ◆ 피지컬 컴퓨팅의 사례

피지컬 컴퓨팅이 중요시되고 주목받는 이유는 무엇일까요? 이제는 '1인 메이커'가 될 수 있는 여건이 조성되었기 때문입니다. 아두이노, 라즈베리 파이 등 하드웨어를 탑재할 수 있는 오픈 플랫폼의 등장과 언제든지 원하는 형태를 빠른 시간 내에 만들어 낼 수 있는 3D 프린터의 등장으로 이제는 '세상에 단 하나밖에 없는' 제품을 누구나 직접 만들어 사용할 수 있게 되었습니다. 이로 인해 전통 제조업의 성공 요소였던 자본이나 숙련도 높은 노동력이 없어도 창의적인 아이디어만으로 제조업 창업이 가능하게 되었습니다. 단순한 제품은 아이디어부터 최종 제작까지 혼자서 진행할 수 있게 된 것입니다. 뿐만 아니라 이렇게 탄생한 제품 또는 작품을 외부에 공개했을 때 호응이 좋으면 창업과 판매는 물론 대량 생산까지도 가능해졌습니다. 현재 국내에서도 많은 메이커들이 취미 활동의 수준에서 벗어나 생산자와 판매자의 역할까지 하고 있습니다. 그럼 이제부터 피지컬 컴퓨팅의 분야별 사례를 살펴보겠습니다.

■ 미디어 아트 분야

- 나무 거울: 다니엘 로진(Daniel Rozin)이라는 아티스트는 나무 거울을 바라보고 있는 인물의 영상을 카메라로 입력받아 실제 나무가 해당 영상과 맵핑되어 움직이는 미디어 아트의 새로운 분야를 개척했습니다.

▲ 나무 거울 (출처: http://www.smoothware.com/danny)

■ 생활 분야

- 스마트 화분 : 물이 없으면 자동으로 물을 보충해 주고 주인에게도 알려주는 똑똑한 화분으로, 일회용 종이컵과 아두이노 보드, 습도 센서, 물 펌프, 그리고 약간의 부품 등을 이용해서 만들 었습니다.

▲ 스마트 화분 (출처: http://www.hardcopyworld.com)

- 사람을 따라다니는 카트 : 무거운 짐을 옮기는 카트가 사람을 따라다닙니다. 사람이 멈추면 같 이 멈추고, 사람이 이동하면 같은 방향으로 이동하는 똑똑한 카트입니다. 거리 센서를 이용하 여 사람과 일정 거리를 유지하면서 이동하거나 멈추도록 구현하였으며, 위급할 때 정지하는 기 능 등 몇 가지 안전장치들이 추가되었습니다.

▲ 사람을 따라다니는 카트 (출처: https://www.omorobot.com/donkibot)

■ 엔터테인먼트 분야

  – 드로우디오 : 전도체의 전기량을 측정한 후 이를 소리의 음폭 및 음량으로 바꿔서 다양한 음향
    으로 표현합니다.

▲ 드로우디오 (출처: https://12geeks.com/shop/drawdio-musical-pencil.html)

  – 바나나 피아노 : 메이키메이키 보드 등을 이용해서 전도체를 통해 들어오는 미세한 전기를 탐
    지하고, 이를 입력 신호로 대신할 수 있습니다. 아래 그림과 같이 바나나, 사과, 연필로 칠한 그
    림 등을 통해 다양한 입력을 컴퓨터로 받아 옵니다.

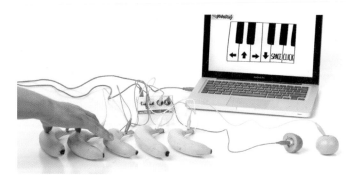

▲ 바나나 피아노 (출처: http://www.makeymakey.com)

02 • 피지컬 컴퓨팅 기기

파이썬으로 프로그래밍할 수 있는 피지컬 컴퓨팅 기기는 매우 다양합니다. 모든 기기를 설명할 수는 없으므로 대표적인 몇 가지만 소개하겠습니다.

■ 햄스터 로봇

국내에서 생산된 약 4cm 크기의 큐브처럼 생긴 미니 로봇입니다. 작은 크기이지만 가속도 센서를 포함한 여러 센서와 2개의 LED, 2개의 DC 모터, 피에조 스피커가 달려 있어 다양하게 활용할 수 있습니다. 햄스터 로봇은 엔트리, 스크래치 등의 교육용 프로그래밍 언어뿐만 아니라 자바스크립트, 파이썬, C/C++, JAVA 등과 같은 전문 언어로도 움직일 수 있습니다. 이 책에서는 햄스터 로봇을 기반으로 피지컬 컴퓨팅 실습을 진행할 예정입니다.

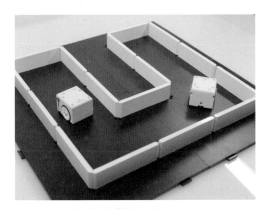

▲ 햄스터 로봇 출처: http://robomation.net

■ 거북이(터틀) 로봇

작고 귀여운 거북이 모양의 로봇으로 등에 펜을 꽂아 그림을 그릴 수 있다는 점이 다른 로봇과 차별화된 특징입니다. 버튼과 컬러 센서, 가속도 센서를 활용할 수 있고, 머리에는 컬러 LED가 들어 있으며, 피에조 스피커로 다양한 소리를 연주할 수 있습니다. 2개의 스테핑 모터로 움직이기 때문에 이동과 회전이 정확합니다. 거북이 로봇은 엔트리, 스크래치, 자바스크립트, 파이썬 등의 언어로 프로그래밍할 수 있습니다.

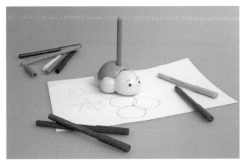

▲ 거북이 Turtle (출처: http://robomation.net)

■ 마이크로비트

영국의 BBC에서 출시한 가로 5cm, 세로 4cm 크기의 장치이며, 5×5 LED 매트릭스가 있어 그림이나 글자를 표시할 수 있습니다. 2개의 버튼과 빛 센서, 가속도 센서, 지자기 센서, 온도 센서 등을 포함하고 있기 때문에 마이크로비트만 사용해서도 다양한 활동을 할 수 있지만, 확장 보드를 통해 모터, 조이스틱 및 다양한 센서와도 연결할 수 있습니다. 엔트리, 스크래치, 자바스크립트, 파이썬 등의 언어를 사용할 수 있고, 아이패드에서 스위프트 언어도 지원합니다.

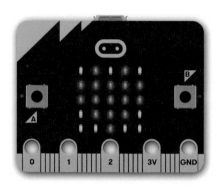

▲ 마이크로비트 (출처: https://microbit.org)

■ 기타 피지컬 컴퓨팅 기기

 앞에서 소개한 피지컬 컴퓨팅 기기 외에도 레고 EV3와 위두, 아두이노, 라즈베리 파이 등의 다양한 기기들을 파이썬으로 프로그래밍 할 수 있습니다. 피지컬 컴퓨팅 기기에 관심이 있는 분들은 관련 웹 사이트를 참조하시기 바랍니다.

• 레고 EV3 : https://sites.google.com/site/ev3devpython
• 레고 위두 : https://github.com/jannopet/LEGO-WeDo-2.0-Python-SDK/wiki
• 아두이노 : http://www.toptechboy.com/using-python-with-arduino-lessons
• 라즈베리 파이 : https://www.raspberrypi.org/documentation/usage/python

햄스터 로봇과 피지컬 컴퓨팅 실습 환경

01 • 햄스터 로봇의 특징

앞에서 살펴본 바와 같이 피지컬 컴퓨팅 기기에는 여러 가지 종류가 있습니다. 여러분은 소프트웨어를 통해 이런 기기들을 동작하게 만들고 제어할 수 있습니다. 피지컬 컴퓨팅 기기 중 하나인 햄스터 로봇은 무게가 30g 정도인 작은 로봇으로, 각 부위별 기능과 제원은 다음과 같습니다.

❶ 블루투스 연결 표시등 : 블루투스 4.0 BLE 지원, 연결 범위 15m 이내

❷ 충전 표시등 : 3.7V, 120mA, 내장 리튬 폴리머 충전 배터리

❸ 충전 단자 : 마이크로 USB(5핀) 충전 단자, 스마트 폰 충전 단자 호환

❹ 피에조 스피커

❺ 안테나

❻ 밝기 센서 : 0~65,535룩스 감지

❼ 외부 확장 단자 : 센서 및 모터 추가 연결

❽ 좌우 전방 근접(적외선) 센서 : 1~30cm 감지, 1mm 정밀도

❾ 좌우 바닥 라인(적외선) 센서 : 0~100단계 감지

❿ 좌우 바퀴(DC 모터) : 최대 이동 속도 10cm/초

⓫ 7가지 색의 LED × 2

⓬ 3축(x, y, z) 가속도 센서 : 2g, 4g, 8g, 16g 범위 설정, 16비트 정밀도

⓭ 내부 온도 센서 : −40~87.5도, 0.5도 정밀도

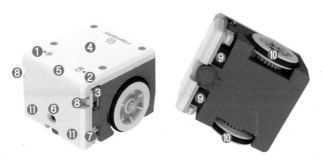

▲ 햄스터 로봇의 구성

02 ◆ 디바이스 드라이버 설치

햄스터 로봇을 PC에 연결하고 전원을 켜기 전에 디바이스 드라이버를 먼저 설치해야 합니다. 디바이스 드라이버는 다음의 사이트에서 내려 받아 설치할 수 있습니다.

http://hamster.school/ko/download/driver.jsp

■ 윈도우용 디바이스 드라이버 설치

❶ 내려 받은 ZIP 파일의 압축을 풉니다.

❷ 압축을 푼 폴더에 있는 exe 파일을 더블 클릭하여 설치합니다.

　• 윈도우 32비트 : CP210xVCPInstaller_x86.exe

• 윈도우 64비트 : CP210xVCPInstaller_x64.exe

■ 맥OS용 디바이스 드라이버 설치

❶ 내려 받은 DMG 파일을 더블 클릭하여 디스크 이미지 파일을 엽니다.

❷ Silicon Labs VCP Driver.pkg 파일을 더블 클릭하여 설치합니다.

맥OS 버전 10.13(하이 시에라)부터 보안이 강화되어 디바이스 드라이버를 설치할 때 사용자의 허용이 필요합니다. 디바이스 드라이버를 설치한 후 다음과 같이 허용해 주세요.

❶ 맥OS의 화면 상단 메뉴 막대에서 사과 모양 아이콘을 클릭합니다.

❷ 시스템 환경 설정 메뉴를 선택합니다.

❸ 보안 및 개인 정보 보호를 클릭합니다.

❹ 화면 아래 오른쪽의 허용 버튼을 클릭합니다.

자세한 내용은 아래 사이트를 참고하세요.

http://hamster.school/ko/help/osx_device_driver.jsp

■ 리눅스용 디바이스 드라이버 설치

❶ 터미널을 열고 tar.gz 파일을 내려 받은 폴더로 이동합니다.

❷ 터미널에 아래의 명령을 입력하여 압축을 풉니다.

• 리눅스 3.x.x 버전의 경우:

```
tar xvfzp device-driver-linux.3.x.x.tar.gz
```

• 리눅스 2.6.x 버전의 경우:

```
tar xvfzp device-driver-linux.2.6.x.tar.gz
```

❸ drivers 폴더가 생성되었는지 확인합니다.

❹ 터미널에서 root 계정으로 로그인합니다.

❺ drivers 폴더로 이동합니다.

❻ 터미널에 아래의 명령을 입력하여 쉘 스크립트를 실행합니다.

```
./setup.sh
```

USB 동글을 PC에 꽂은 상태에서 디바이스 드라이버를 설치한 경우에는 리눅스 OS가 USB 동글을 인식하지 못합니다. 이런 경우에는 USB 동글을 뽑았다가 다시 꽂으면 됩니다.

03 • 햄스터 로봇과 PC의 연결

이제 햄스터 로봇을 PC와 연결해 봅시다.

■ 처음 사용할 경우 : 햄스터 로봇과 USB 동글간의 페어링

❶ USB 동글을 PC의 USB 단자에 꽂습니다. USB 동글의 블루투스 연결 표시등이 파란색으로 천
천히 깜박이면 정상입니다.

▲ USB 동글의 블루투스 연결 표시등

❷ 햄스터 로봇의 전원 스위치를 위로 올려 전원을 켭니다.

▲ 햄스터 로봇의 전원 켜기

❸ 햄스터 로봇을 USB 동글 가까이(15cm 이내) 가져갑니다. 햄스터 로봇에서 삑 소리가 나고, 햄스
터 로봇과 USB 동글의 블루투스 연결 표시등이 파란색으로 계속 켜져 있거나 빠르게 깜박이면
정상입니다.

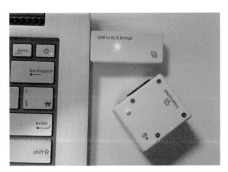
▲ 햄스터 로봇과 USB 동글의 블루투스 연결 표시등

이러한 과정을 페어링이라고 합니다. 페어링을 하고 나면 햄스터 로봇 하나와 USB 동글 하나가 서
로 짝이 됩니다. 페어링은 햄스터 로봇과 USB 동글을 처음 연결할 때 한 번만 해주면 됩니다.

햄스터 로봇을 구입하였을 때 햄스터 로봇과 USB 동글은 페어링 되어 있지 않습니다. 처음 사용할 때는 우선 햄스터 로봇과 USB 동글을 페어링 해 주어야 합니다. 햄스터 로봇과 USB 동글 간의 페어링은 하드웨어끼리 수행되는 것이기 때문에 소프트 웨어와는 관련이 없습니다. USB 동글을 PC의 USB 단자에 꽂는 이유는 USB 동글에 전원을 공급하기 위한 것입니다.

■ 다시 사용할 경우 : 햄스터 로봇과 USB 동글 연결

이미 페어링 되어 있는 경우에는 다시 페어링할 필요 없이 USB 동글을 PC의 USB 단자에 꽂고 햄스터 로봇의 전원만 켜면 됩니다.

햄스터 로봇과 USB 동글은 서로 가까이 있을 때만(15cm 이내) 페어링이 이루어지기 때문에 같은 장소에서 많은 햄스터 로봇과 많은 USB 동글을 동시에 페어링하거나 사용하여도 문제가 되지 않습니다.

 USB 동글은 가장 최근에 짝이 된 햄스터 로봇 하나만 기억합니다. USB 동글이 다른 햄스터 로봇과 연결된 상태에서는 새로운 햄스터 로봇과 페어링할 수 없습니다. 이 경우에는 USB 동글과 연결된 햄스터 로봇의 전원을 꺼서 연결을 끊은 후 새로운 햄스터 로봇과 페어링 해야 합니다.

04 ◆ 파이썬 라이브러리 설치

파이썬 코드를 작성하여 햄스터 로봇을 제어하기 위해서는 햄스터 로봇용 파이썬 라이브러리를 먼저 설치해야 합니다. 파이썬 라이브러리는 다음의 사이트에서 내려 받아 설치할 수 있습니다.

http://hamster.school/ko/download

■ 윈도우에서 라이브러리 설치

❶ 내려 받은 라이브러리 파일의 압축을 풉니다.

❷ 압축을 푼 폴더에 있는 win-setup.cmd를 더블 클릭하여 라이브러리를 설치합니다.

■ 맥OS에서 라이브러리 설치

❶ 내려 받은 라이브러리 파일의 압축을 풉니다.

❷ 압축을 풀고, 폴더에 있는 osx-setup.command를 클릭하여 팝업 메뉴가 나타나면 다음으로 [열기] 〉 [터미널] 메뉴를 선택합니다.

❸ [열기] 버튼을 클릭합니다.

❹ 소프트웨어를 설치할 때 입력하는 비밀번호를 입력합니다.

■ 리눅스에서 라이브러리 설치

❶ 터미널을 열고 라이브러리 파일을 내려 받은 폴더로 이동합니다.

❷ 터미널에 아래의 명령을 입력하여 압축을 풉니다.

```
tar xvfzp [내려 받은 파일 이름]
```

내려 받은 파일의 이름이 roboid-python3.8-v1.5.3.tar.gz인 경우 아래의 명령을 입력합니다.

```
tar xvfzp roboid-python3.8-v1.5.3.tar.gz
```

❸ 터미널에서 root 계정으로 로그인합니다.

❹ 압축을 푼 폴더로 이동합니다.

❺ 터미널에 다음의 명령을 입력하여 라이브러리를 설치합니다.

```
./linux-setup.sh
```

Tip
라이브러리를 사용할 때 아래와 같은 메시지가 표시되었다면 라이브러리가 설치되지 않은 것입니다.

```
ModuleNotFoundError: No module named 'roboid'
```

이 경우에는 다음의 사이트를 참고하여 roboid 폴더와 serial 폴더를 파이썬의 특정 폴더로 직접 복사하면 됩니다.
http://hamster.school/ko/tutorial/python/install_library.jsp

05 ∙ 햄스터 로봇 직진 보정하기

햄스터 로봇의 양쪽 바퀴는 DC 모터로 움직이는데 같은 힘으로 바퀴를 돌린다고 하더라도 기어가 빡빡하거나 느슨한 정도, 바퀴와 바닥 간의 마찰력, 타이어의 마모 상태 등에 따라 실제로 바퀴가 회전하는 속도는 달라질 수 있습니다. 양쪽 바퀴가 회전하는 속도가 조금만 달라도 로봇은 똑바로 직진하지 못합니다. 이를 보정하기 위한 프로그램이 직진 보정 프로그램입니다. 햄스터 로봇은 로봇 코딩 소프트웨어 또는 안드로이드 앱을 사용하여 직진 보정할 수 있습니다.

■ 로봇 코딩 소프트웨어로 직진 보정하기

로봇 코딩 소프트웨어는 다음의 사이트에서 내려 받아 설치할 수 있습니다.

http://hamster.school/ko/download

❶ USB 동글을 PC의 USB 단자에 꽂고 햄스터 로봇의 전원을 켭니다.

❷ 로봇 코딩 소프트웨어를 실행합니다.

❸ 잠시 기다리면 연결된 햄스터 로봇의 정보가 화면 오른쪽에 표시되면서 [로봇 보정] 메뉴가 활성화됩니다.

❹ [로봇 보정] 메뉴를 클릭합니다.

❺ [출발] 버튼을 클릭하면 햄스터 로봇이 앞으로 이동하고, [정지] 버튼을 클릭하면 햄스터 로봇이 정지합니다.

❻ 햄스터 로봇이 똑바로 직진할 때까지 보정 방향의 버튼을 클릭합니다.

❼ [저장] 버튼을 클릭하면 햄스터 로봇이 '뿍' 소리를 내면서 직진 보정이 완료됩니다. 보정된 값은 햄스터 로봇 하드웨어에 저장되므로 이후 같은 작업을 반복할 필요는 없습니다.

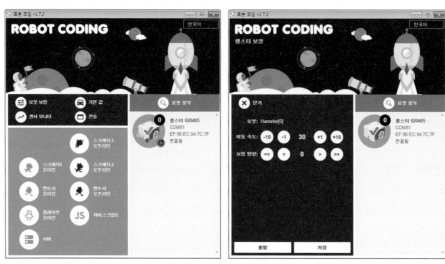

▲ 로봇 코딩 소프트웨어의 직진 보정 기능

■ 안드로이드 앱으로 직진 보정하기

스마트 폰 또는 태블릿이 블루투스 4.0 BLE를 지원하고, 안드로이드 OS 버전이 4.3 젤리빈 이상인 경우에는 구글 플레이에서 '로보이드 론처'를 검색하여 설치할 수 있습니다.

❶ 스마트 폰 또는 태블릿에서 로보이드 론처를 실행합니다.

❷ 타이틀 바의 로봇 모양 아이콘을 클릭하거나 손가락으로 화면을 오른쪽으로 밀어서 하드웨어 목록 화면으로 이동합니다.

❸ 햄스터 로봇의 전원을 켜고 블루투스 4.0 BLE 통신으로 스마트폰 또는 태블릿과 연결합니다.

❹ 직진 보정할 햄스터 로봇을 클릭합니다.

❺ 다음 그림과 같이 [바퀴 보정] 메뉴를 클릭합니다.

❻ [출발] 버튼을 클릭하면 햄스터 로봇이 앞으로 이동하고, [정지] 버튼을 클릭하면 햄스터 로봇이 정지합니다.

❼ 햄스터 로봇이 똑바로 직진할 때까지 보정 방향의 버튼을 클릭합니다.

❽ [저장] 버튼을 클릭하면 햄스터 로봇이 '뿍' 소리를 내면서 직진 보정이 완료됩니다. 보정된 값은 햄스터 로봇 하드웨어에 저장되므로 이후 같은 작업을 반복할 필요는 없습니다.

▲ 로보이드 론처의 직진 보정 기능

Tip 스마트폰 또는 태블릿이 블루투스 4.0 BLE를 지원하지 않거나 안드로이드 OS 버전이 3.1 허니컴 이상인 경우에는 OTG 케이블을 사용하여 햄스터 로봇의 USB 동글을 연결할 수 있습니다. 직진 보정에 대한 자세한 내용은 아래 사이트를 참고하세요.
http://hamster.school/ko/help/wheel_balance.jsp

피지컬 컴퓨팅 기초 프로그래밍

01 • 동굴 탐험(순차 구조)

파이썬 언어로 프로그램을 작성하여 실행하면 햄스터 로봇에게 명령을 내릴 수 있습니다. 햄스터 로봇이 어떻게 움직이면 좋을지 생각하여 햄스터 로봇에게 알려주고, 실제 햄스터 로봇이 어떻게 움직이는지 관찰해 봅시다. 이 절에서는 햄스터 로봇이 이동 또는 회전하고, 소리를 내거나 불빛을 표시하는 방법을 알아봅시다. 또한 근접 센서와 바닥 센서를 사용하여 다양한 활동을 해봅시다.

햄스터 로봇이 길을 떠나 동굴 속을 탐험하려고 합니다. 동굴 속에는 햄스터가 좋아하는 해바라기 씨가 가득한 보물 상자가 있습니다. 다음 그림처럼 햄스터 로봇이 보물 상자 앞까지 이동하려면 어떻게 움직여야 할지 생각해 봅시다.

Tip 이 책에서 햄스터 로봇 실습을 위해 사용하는 실습판과 활동지는 영진닷컴 홈페이지 또는 아래 사이트에서 내려 받을 수 있습니다.
http://hamster.school/youngjin

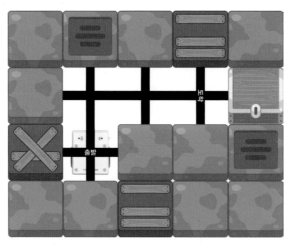

▲ 동굴 탐험

햄스터 로봇의 파이썬 라이브러리에서 제공하는 다음의 메소드들을 사용하면 햄스터 로봇이 말판 위에서 이동하거나 회전하도록 할 수 있습니다.

- board_forward() : 검은색 격자로 구성된 말판 위에서 한 칸 앞으로 이동합니다.
- board_left() : 검은색 격자로 구성된 말판 위에서 왼쪽 방향으로 제자리에서 90도 회전합니다.
- board_right() : 검은색 격자로 구성된 말판 위에서 오른쪽 방향으로 제자리에서 90도 회전합니다.

■ 생각 정리하기

생각을 간단하게 정리하기 위해 board_forward와 board_left, board_right를 사용하여 동작의 순서를 생각해 봅시다. 햄스터 로봇을 어떻게 움직이면 도착 지점까지 갈 수 있을까요? 도착 지점으로 이동한 후에는 보물 상자를 열 수 있도록 햄스터 로봇이 보물 상자 방향을 바라보아야 합니다. 생각을 정리하여 다음 빈칸에 순서대로 명령을 적어 봅시다. 이러한 명령의 순서를 나타낸 그림을 순서도라고 합니다.

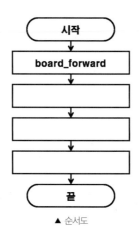

▲ 순서도

이제 생각한 순서가 맞는지 확인해 봅시다. 실제 말판 위에서 햄스터 로봇을 손으로 잡고 명령을 하나씩 수행해 봅니다. 이때 햄스터 로봇을 말판 위에서 손으로 밀면 햄스터 로봇이 다칠 수 있으므로 햄스터 로봇을 손으로 들어서 한 칸씩 움직여야 합니다. 명령을 끝까지 수행했을 때 도착 지점으로 가지 못하면 뭔가 잘못된 것입니다. 무엇이 잘못되었는지 살펴보고 생각을 다시 정리한 후 같은 방법으로 명령을 수행해 봅시다.

■ 생각을 구현하고 확인하기

실제로 햄스터 로봇을 움직이는 프로그램을 작성해 봅시다. 햄스터 로봇의 파이썬 라이브러리를 사용하기 위해서는 로보이드 패키지를 포함해야 합니다.

```
from roboid import *
```

Hamster()를 호출하면 컴퓨터의 USB 단자에 꽂혀 있는 USB 동글을 통해 햄스터 로봇과 통신을 연결합니다. 이렇게 만들어진 Hamster의 참조를 hamster라는 변수에 넣습니다. 대소문자를 구분하니 주의하세요. 이후부터는 hamster 변수를 통해 햄스터 로봇에게 명령을 내릴 수 있습니다.

```
hamster = Hamster()
```

앞에서 정리한 순서대로 프로그램을 작성하면 다음과 같은 코드가 완성됩니다.

⟨4-3-1.py⟩

```
from roboid import *

hamster = Hamster()

hamster.board_forward()
hamster.board_right()
hamster.board_forward()
hamster.board_forward()
```

햄스터 로봇을 말판의 출발 위치에 방향을 맞추어 올려놓고 작성된 프로그램을 실행하여 동작을 확인해 봅시다.

다음과 같은 순서를 따라야 합니다.

❶ 해결해야 하는 문제를 읽고 이해합니다.

❷ 문제를 해결하기 위한 방법을 생각하고 정리하여 순서대로 명령을 적습니다.

❸ 햄스터 로봇을 들고 명령을 하나씩 수행해 보면서 생각한 것이 맞는지 확인합니다. 이상한 점이 발견되면 ❷번 단계부터 다시 수행합니다.

❹ 정리된 생각을 프로그램으로 구현하고 실행하여 확인합니다.

❺ 자신이 작성한 프로그램을 더 좋게 만들 수 있는 방법을 고민해 봅니다.

Activity ★★★ ◀ **동굴 속은 어두워요!**

어두운 동굴 속을 탐험하려면 불을 켜야 합니다. 햄스터 로봇이 불을 켠 후 이동할 수 있도록 프로그램을 수정해 봅시다. 햄스터 로봇의 불을 켜려면 다음의 메소드들을 사용해야 합니다.

• leds(left_color, right_color) : 왼쪽 LED의 색상을 left_color, 오른쪽 LED의 색상을 right_color 로 설정합니다.

• leds(color) : 양쪽 LED의 색상을 color로 설정합니다. leds(color, color)를 호출한 것과 같습니다.

• left_led(color) : 왼쪽 LED의 색상을 color로 설정합니다.

• right_led(color) : 오른쪽 LED의 색상을 color로 설정합니다.

앞에서 한 것과 마찬가지로 프로그램을 작성하기 전에 우선 생각을 정리해 봅시다. 햄스터 로봇의 양쪽 불을 켠 다음 도착 지점으로 이동하려면 어떤 순서로 명령을 수행해야 할까요? 생각을 정리하여 다음의 빈 칸에 순서대로 명령을 적어 봅시다.

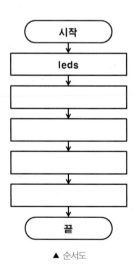

▲ 순서도

이제 앞에서 한 것과 마찬가지로 생각한 순서가 맞는지 확인한 후 프로그램을 작성하여 실행해 봅시다. 햄스터 로봇의 LED는 7가지 색상을 표현할 수 있으며 색상으로 입력할 수 있는 값은 다음과 같습니다. 색상 값의 대소문자는 구분하지 않습니다.

LED 색상 값	설명
"OFF"	LED를 끕니다.
"RED"	LED를 빨간색으로 켭니다.
"YELLOW"	LED를 노란색으로 켭니다.
"GREEN"	LED를 초록색으로 켭니다.
"SKY BLUE"	LED를 하늘색으로 켭니다.
"BLUE"	LED를 파란색으로 켭니다.
"PURPLE"	LED를 자주색으로 켭니다.
"WHITE"	LED를 하얀색으로 켭니다.

leds("WHITE")를 호출하면 햄스터 로봇의 양쪽 LED를 하얀색으로 켤 수 있습니다.

```
from roboid import *

hamster = Hamster()
hamster.leds("WHITE")
```

앞에서 정리한 순서대로 프로그램을 완성한 후, 햄스터 로봇을 말판의 출발 위치에 방향을 맞추어 올려놓고 작성된 프로그램을 실행하여 동작을 확인해 봅시다.

Activity ★★★ 소리 질러!

보물 상자를 발견하면 크게 소리를 내어 동료에게 알려야 합니다. 햄스터 로봇이 도착 지점으로 이동한 후 소리를 내도록 프로그램을 수정해 봅시다. 햄스터 로봇이 소리를 내려면 다음의 메소드를 사용해야 합니다.

• beep() : 440Hz의 버저 음을 짧게(0.1초) 소리 냅니다.

앞에서 한 것과 마찬가지로 프로그램을 작성하기 전에 우선 생각을 정리해 봅시다. 햄스터 로봇의 양쪽 LED를 하얀색으로 켠 다음 도착 지점으로 이동하여 소리를 내려면 어떤 순서로 명령을 수행해야 할까요? 생각을 정리하여 다음의 빈 칸에 순서대로 명령을 적어 봅시다.

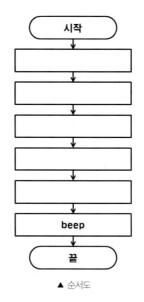

```
시작
│
▼
┌─────────┐
│         │
└─────────┘
│
▼
┌─────────┐
│         │
└─────────┘
│
▼
┌─────────┐
│         │
└─────────┘
│
▼
┌─────────┐
│         │
└─────────┘
│
▼
┌─────────┐
│         │
└─────────┘
│
▼
┌─────────┐
│  beep   │
└─────────┘
│
▼
끝
```

▲ 순서도

생각한 순서가 맞는지 확인한 후 프로그램을 작성하여 실행해 봅시다.

```
from roboid import *

hamster = Hamster()
hamster.beep()
```

앞에서 정리한 순서대로 프로그램을 완성한 후, 햄스터 로봇을 말판의 출발 위치에 방향을 맞추어 올려놓고 작성된 프로그램을 실행하여 동작을 확인해 봅시다.

Activity ★★★ 새로운 동굴 탐험

이제 동굴 속을 탐험하는 데 자신이 생겼습니다. 내친김에 다른 동굴도 하나씩 탐험해 봅시다. 이번 동굴은 조금 더 복잡하고 지켜야 할 규칙이 있습니다.

❶ 이동하기 전에 양쪽 LED를 하얀색으로 켭니다.

❷ 왼쪽으로 회전할 때는 왼쪽 LED만 켜고, 오른쪽으로 회전할 때는 오른쪽 LED만 켭니다. 회전한 후에는 다시 양쪽 LED를 하얀색으로 켭니다.

❸ 도착 지점으로 이동한 후에는 햄스터 로봇이 보물 상자 방향을 바라보아야 하고, 삐 소리를 내야 합니다.

이제 새로운 동굴들을 탐험해 봅시다. 프로그램을 작성하기 전에 생각을 정리하여 순서대로 명령을 적고, 생각한 순서가 맞는지 확인하는 것을 잊어버리면 안 됩니다.

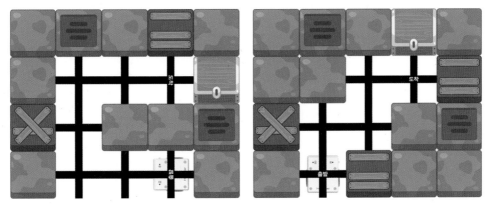

▲ 새로운 동굴들

02 ◆ 노래 연주(반복 구조)

햄스터 로봇이 음을 내려면 다음의 메소드를 사용해야 합니다.

• note(pitch, beats) : 입력한 높이(pitch)의 음을 beats 박자만큼 소리 냅니다.

햄스터 로봇이 소리 낼 수 있는 음의 높이(pitch)는 다음과 같습니다. 뒤의 숫자는 옥타브를 의미하고 1부터 7까지의 값을 가질 수 있습니다. 예를 들어 "C4"는 4번째 옥타브의 도음이며 "D#5"는 5번째 옥타브의 레# 음입니다.

음 높이	설명
C4	4번째 옥타브의 도 음
C#4	4번째 옥타브의 도#(레b) 음
Db4	
D4	4번째 옥타브의 레 음
D#4	4번째 옥타브의 레#(미b) 음
Eb4	
E4	4번째 옥타브의 미 음
F4	4번째 옥타브의 파 음
F#4	4번째 옥타브의 파#(솔b) 음
Gb4	
G4	4번째 옥타브의 솔 음
G#4	4번째 옥타브의 솔#(라b) 음
Ab4	
A4	4번째 옥타브의 라 음
A#4	4번째 옥타브의 라#(시b) 음
Bb4	
B4	4번째 옥타브의 시 음

우선 간단하게 연주를 해봅니다. 먼저 반복되는 부분에 밑줄을 그어 표시합니다.

도, 미, 솔, 도, 미, 솔

도, 미, 솔이 2번 반복된다는 것을 알 수 있습니다. 아래의 왼쪽 프로그램에서 도, 미, 솔, 도, 미, 솔을 순서대로 명령하는 대신 오른쪽과 같이 반복문을 사용하면 프로그램을 간단하게 작성할 수 있습니다.

〈4-3-2.py〉

```
from roboid import *

hamster = Hamster()
hamster.note("C4", 0.5)
hamster.note("E4", 0.5)
hamster.note("G4", 0.5)
hamster.note("C4", 0.5)
hamster.note("E4", 0.5)
hamster.note("G4", 0.5)
```

〈4-3-3.py〉

```
from roboid import *

hamster = Hamster()
for i in range(2):
    hamster.note("C4", 0.5)
    hamster.note("E4", 0.5)
    hamster.note("G4", 0.5)
```

Activity ★★★

다음과 같은 음에서 반복되는 부분을 찾고 밑줄을 그어 표시한 후 반복문을 사용하여 프로그램을 작성해 봅시다.

도, 솔, 도, 솔, 도, 솔, 도, 솔

도, 레, 미, 파, 도, 레, 미, 파, 도, 레, 미, 파

이번에는 반복되는 음의 앞뒤로 다른 음을 넣어보도록 합니다. 반복되는 부분을 찾고 밑줄을 그어 표시해 봅시다.

도, 레, 미, 솔, 솔, 솔, 솔, 미

명령을 순서대로 수행하는데 중간에 반복되는 부분이 있습니다. 도레미를 연주한 다음 솔을 4번 반복하고, 마지막에 미를 연주합니다.

왼쪽처럼 음을 순서대로 명령하는 대신 오른쪽과 같이 반복문을 사용하면 프로그램을 간단하게 작성할 수 있습니다.

〈4-3-4.py〉

```
from roboid import *

hamster = Hamster()
hamster.note("C4", 0.5)
hamster.note("D4", 0.5)
hamster.note("E4", 0.5)
hamster.note("G4", 0.5)
hamster.note("G4", 0.5)
hamster.note("G4", 0.5)
hamster.note("G4", 0.5)
hamster.note("E4", 0.5)
```

〈4-3-5.py〉

```
from roboid import *

hamster = Hamster()
hamster.note("C4", 0.5)
hamster.note("D4", 0.5)
hamster.note("E4", 0.5)
for i in range(4):
    hamster.note("G4", 0.5)
hamster.note("E4", 0.5)
```

그런데 노래가 너무 느린 것 같지 않나요? 다음의 메소드를 사용하면 연주 속도를 빠르게 할 수 있습니다.

• tempo(bpm) : 연주하거나 쉬는 속도를 bpm(분당 박자 수)으로 설정합니다.

bpm은 분당 연주하는 박자 수를 나타냅니다. 60BPM은 1분에 60개의 박자, 즉 1초에 1박자를 연주합니다. 우리가 앞에서 각 음을 0.5박자 연주했으므로 하나의 음을 0.5초씩 연주하게 됩니다. 숫자 120을 입력하면 1분에 120개의 박자, 즉 1초에 2개의 박자를 연주하기 때문에 연주하는 속도가 2배로 빨라집니다. 1초에 2개의 박자를 연주한다는 것은 1박자를 연주하는데 0.5초씩 걸린다는 뜻으로 각 음을 0.5박자 연주하는 경우 하나의 음을 0.25초씩 연주하게 됩니다. 연주 속도가 120BPM이 되도록 프로그램을 수정하고 실행해 봅시다.

〈4-3-6.py〉

```
from roboid import *

hamster = Hamster()
hamster.tempo(120)
hamster.note("C4", 0.5)
hamster.note("D4", 0.5)
hamster.note("E4", 0.5)
for i in range(4):
    hamster.note("G4", 0.5)
hamster.note("E4", 0.5)
```

다음과 같은 음을 연주하기 위해 먼저 반복되는 부분을 찾고 밑줄을 그어 표시해 봅시다. 연주 속도는 120BPM으로 합니다. 반복문을 사용하면 프로그램을 간단하게 작성할 수 있습니다.

레, 레, 레, 레, 레, 미, 파, 라

솔, 라, 솔, 라, 솔, 미, 레, 도

이번에는 음의 길이를 변경해 봅시다. note 메소드의 beats에 다른 숫자를 입력하면 음의 길이를 변경할 수 있습니다.

• note(pitch, beats) : 입력한 높이(pitch)의 음을 beats 박자만큼 소리 냅니다.

4분의 4박자에서 '4분의'는 4분음표가 한 박자라는 의미입니다. 그리고 '4박자'는 노래의 한 마디에 4개의 박자가 들어간다는 뜻입니다. beats를 1로 하면 4분음표가 되고, 0.5로 하면 4분음표를 2로 나눈 8분음표가 됩니다. 노래를 하다보면 숨을 쉴 곳이 필요한데, 이럴 때는 다음과 같이 pitch에 "OFF"를 입력하고, beats에 숫자를 입력하여 쉬는 길이를 변경할 수 있습니다.

• note("OFF", beats) : beats 박자만큼 쉽니다.

마찬가지로 beats를 1로 하면 4분쉼표가 되고, 0.5로 하면 8분쉼표가 됩니다. 자주 사용하는 박자를 음표 기호와 함께 적으면 다음과 같습니다.

| 8분음표 | 4분음표 | 점4분음표 | 2분음표 | 8분쉼표 | 4분쉼표 |
| beats: 0.5 | beats: 1 | beats: 1.5 | beats: 2 | beats: 0.5 | beats: 1 |

다음 그림에서 반복되는 부분을 찾아 밑줄을 그어 표시해 봅시다.

솔　솔　솔　솔　솔　솔　미　라　라　라　라　라　라　솔

다음의 왼쪽과 같이 음을 순서대로 명령하는 대신 오른쪽과 같이 반복문을 사용하면 프로그램을 간단하게 작성할 수 있습니다.

⟨4-3-7.py⟩

```
from roboid import *

hamster = Hamster()
hamster.tempo(120)
hamster.note("G4", 0.5)
hamster.note("G4", 0.5)
hamster.note("G4", 0.5)
hamster.note("G4", 0.5)
hamster.note("G4", 0.5)
hamster.note("G4", 0.5)
hamster.note("E4", 1)
hamster.note("A4", 0.5)
hamster.note("A4", 0.5)
hamster.note("A4", 0.5)
hamster.note("A4", 0.5)
hamster.note("A4", 0.5)
hamster.note("G4", 1)
```

⟨4-3-8.py⟩

```
from roboid import *

hamster = Hamster()
hamster.tempo(120)
for i in range(6):
    hamster.note("G4", 0.5)
hamster.note("E4", 1)
for i in range(6):
    hamster.note("A4", 0.5)
hamster.note("G4", 1)
```

Activity ★★★

다음과 같은 음을 연주하기 위해 먼저 반복되는 부분을 찾고 밑줄을 그어 표시해 봅시다. 연주 속도는 120BPM으로 합니다. 반복문을 사용하면 프로그램을 간단하게 작성할 수 있습니다.

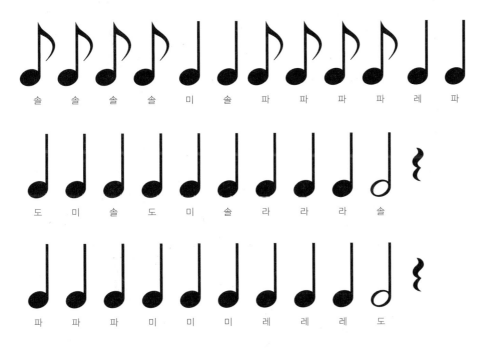

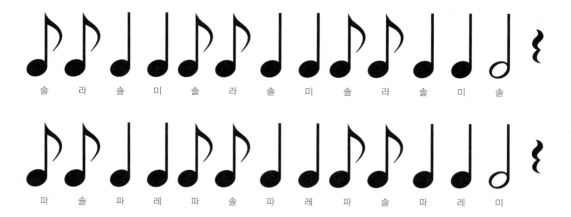

이번에는 반복을 반복하는 연주를 살펴봅시다.

우선 파가 3번 반복됩니다. 좀 더 살펴보면 '파, 파, 파, 미, 레, 미, 파'도 반복된다는 것을 알 수 있습니다. 이와 같이 반복되는 부분이 다시 반복되는 경우에는 왼쪽처럼 명령하는 대신 오른쪽처럼 반복문을 이중으로 사용하여 프로그램을 작성할 수 있습니다.

<4-3-9.py>

```python
from roboid import *

hamster = Hamster()
hamster.tempo(120)
for j in range(3):
    hamster.note("F4", 0.5)
hamster.note("E4", 0.5)
hamster.note("D4", 0.5)
hamster.note("E4", 0.5)
hamster.note("F4", 1)
for j in range(3):
    hamster.note("F4", 0.5)
hamster.note("E4", 0.5)
hamster.note("D4", 0.5)
hamster.note("E4", 0.5)
hamster.note("F4", 1)
```

<4-3-10.py>

```python
from roboid import *

hamster = Hamster()
hamster.tempo(120)
for i in range(2):
    for j in range(3):
        hamster.note("F4", 0.5)
    hamster.note("E4", 0.5)
    hamster.note("D4", 0.5)
    hamster.note("E4", 0.5)
    hamster.note("F4", 1)
```

다음과 같은 음을 연주하기 위해 먼저 반복되는 부분을 찾고 밑줄을 그어 표시해 봅시다. 연주 속도는 120BPM으로 합니다. 반복문을 사용하면 프로그램을 간단하게 작성할 수 있습니다.

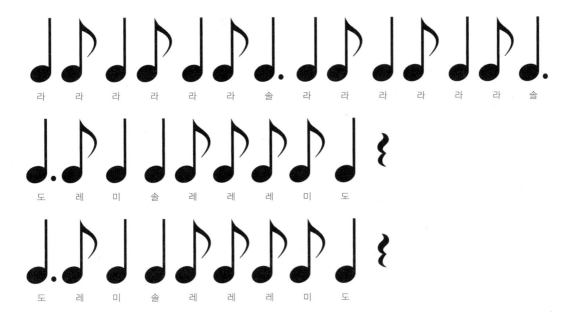

03 ◆ 센서와 액추에이터의 이해

대부분의 하드웨어는 공장에서 생산돼 나올 때 일정 범위 내의 오차가 발생합니다. 또한 이렇게 생산된 하드웨어는 실제 환경에 따라 조건이 달라지므로 다르게 동작할 수 있습니다. 자동차를 타고 가다가 급브레이크를 밟았을 때, 차가 정지될 때까지의 거리가 비 올 때와 맑을 때, 눈이 올 때가 각각 다릅니다.

햄스터 로봇의 파이썬 라이브러리에는 "90도 오른쪽으로 돌아라."라는 명령문은 존재하지 않습니다. 햄스터를 실행하는 장소가 나무 책상 위인지, 고무판 위인지, 아니면 얼음 위인지를 알 수 없기 때문입니다. 또한 햄스터 각각에 내장된 모터의 힘도 다를 수 있습니다. 따라서 90도 오른쪽으로 돌게 하기 위해서는 먼저 몇 초를 돌아야 90도가 되는지를 알아 낸 후 "몇 초 오른쪽으로 돌아라."라는 명령을 작성하는 것이 좋습니다.

센서도 마찬가지입니다. 동일 하드웨어의 센서로 같은 물체를 감지하더라도 낮인가 밤인가 또는 조명이 밝은가 약한가에 따라 다른 값을 측정하게 됩니다. 따라서 앞으로 여러분은 절대적인 센서 값은 존재하지 않는다고 생각하는 것이 좋습니다. 여러분이 필요한 값은 센서로 여러 번 측정해서 얻은 평균값을 가지고 판단해야 합니다.

04 · 앞뒤로 움직이기

햄스터 로봇을 원하는 시간(초) 동안 앞으로 이동하게 하려면 다음의 메소드를 사용해야 합니다.

- move_forward(sec) : sec초 동안 앞으로 이동합니다.

다음과 같이 프로그램을 작성하여 실행하면 햄스터 로봇이 1초 동안 앞으로 이동합니다.

```
from roboid import *

hamster = Hamster()
hamster.move_forward(1)
```

얼마나 멀리 가는지 한번 알아볼까요? 모눈종이 위에 햄스터 로봇을 올려놓고 햄스터 로봇이 이동한 거리를 측정해도 되고, A4 용지 위에 출발선을 그린 후 햄스터 로봇이 이동한 거리를 자로 측정할 수도 있습니다.

햄스터 로봇이 이동한 거리를 5번 측정하여 다음 표에 기록해 봅시다.

측정 횟수	1회	2회	3회	4회	5회
이동한 거리	cm	cm	cm	cm	cm

햄스터 로봇이 이동한 거리는 측정할 때마다 조금씩 달라질 수 있습니다. 평균적으로 얼마나 이동하는지 알아보기 위해 앞에서 측정한 거리를 모두 더한 후 5로 나누어 봅시다.

이동한 거리의 합	cm
합을 5로 나눈 값	cm

햄스터 로봇이 1초 동안 이동한 거리를 알았으니, 이제 햄스터 로봇이 얼마나 빨리 이동하는지 알아봅시다. 이동한 거리를 이동한 시간으로 나눈 값을 속력이라고 합니다. 햄스터 로봇이 이동한 시간은 1초이기 때문에 앞에서 계산한 평균 이동 거리(합을 5로 나눈 값)를 1로 나누면 햄스터 로봇의

속력을 계산할 수 있습니다. 거리(cm)를 시간(초)으로 나누었기 때문에 속력의 측정 단위는 'cm/초' 입니다.

햄스터 로봇의 속력을 좀 더 다양하게 계산해 보기 위해 이동하는 시간을 다르게 하면서 이동 거리를 측정해 봅시다. 이동 시간을 변경하기 위해서는 move_forward 메소드의 sec에 다른 숫자를 입력하면 됩니다. 이동하는 시간을 다르게 변경하여 이동한 거리를 측정한 후 이동 거리를 이동 시간으로 나누어 속력을 계산합니다.

이동한 시간	1초	2초	3초	4초	5초
이동한 거리	cm	cm	cm	cm	cm
속력	cm/초	cm/초	cm/초	cm/초	cm/초

햄스터 로봇의 속력은 측정할 때마다 조금씩 달라질 수 있는데 평균적인 속력이 얼마나 되는지 알아보기 위해 앞에서 계산한 속력을 모두 더한 후 5로 나누어 봅시다.

이번에는 반대로 일정 거리를 이동하려면 몇 초 동안 이동해야 하는지 알아봅시다. A4 용지 위에 출발선을 그리고 5cm 떨어진 위치에 선을 그립니다. 이동 시간을 알아내기 위해 move_forward 메소드의 sec에 숫자를 바로 입력하는 것은 별로 좋은 방법이 아닙니다. 앞에서 측정한 속력을 이용하여 5cm를 이동하기 위해 필요한 시간을 계산해 봅시다.

$$속력(cm/초) = \frac{이동\,거리\,(cm)}{이동\,시간\,(초)}$$

이기 때문에 이동해야 하는 시간은 다음과 같이 나타낼 수 있습니다.

$$이동\,시간\,(초) = \frac{이동\,거리\,(cm)}{속력\,(cm/초)}$$

햄스터 로봇이 5cm를 이동하려면 몇 초 동안 이동해야 할까요? 계산한 이동 시간을 move_forward 메소드의 sec에 입력하고 실행해 봅시다. A4 용지의 재질이나 햄스터 로봇의 배터리 상태에 따라 이동하는 거리는 조금 달라질 수 있기 때문에 앞에서 계산한 값을 입력하여 실제 이동한 거리를 관찰한 후 숫자를 약간씩 변경하면 5cm를 이동시킬 수 있습니다. 같은 방법으로 10cm, 20cm 등 다양한 거리를 이동하려면 몇 초 동안 이동해야 하는지 계산하고, 프로그램을 수정하여 실행해 봅시다.

이동 거리	5cm	10cm	15cm	20cm
이동 시간	초	초	초	초

햄스터 로봇을 원하는 시간(초)동안 뒤로 이동하게 하려면 다음의 메소드를 사용해야 합니다.

- move_backward(sec) : sec초 동안 뒤로 이동합니다.

move_backward 메소드를 사용하여 같은 방법으로 햄스터 로봇을 움직여 봅시다. 평균 이동 거리와 평균 속력을 계산해 보고, 이동 거리에 따른 이동 시간을 계산한 후 프로그램을 수정하여 실행해 봅시다.

05 ◆ 제자리에서 돌기

이제까지는 햄스터 로봇을 앞뒤로 움직였습니다. 이번에는 햄스터 로봇을 왼쪽, 오른쪽으로 돌려봅시다. 햄스터 로봇을 원하는 시간(초) 동안 회전하게 하려면 다음의 메소드를 사용해야 합니다.

- turn_left(sec) : sec초 동안 제자리에서 왼쪽으로 회전합니다.
- turn_right(sec) : sec초 동안 제자리에서 오른쪽으로 회전합니다.

다음과 같이 프로그램을 작성하여 실행하면 햄스터 로봇이 1초 동안 왼쪽으로 회전합니다.

```
from roboid import *

hamster = Hamster()
hamster.turn_left(1)
```

햄스터 로봇이 얼마나 회전했는지 측정하기 위해서는 각도기가 필요합니다. 우선 다음과 같이 A4 용지 위에 + 모양으로 선을 그리고 햄스터 로봇을 중앙에 맞춰 올려놓습니다. 이때 가로선은 햄스터 몸통의 중심에 맞추고, 세로선은 바퀴의 중심에 맞춰야 합니다.

▲ 회전한 각도를 측정하기 위한 + 모양의 선

작성한 프로그램을 실행하면 햄스터 로봇이 제자리에서 1초 동안 왼쪽으로 회전하게 됩니다. 햄스터 몸통의 중앙 바로 앞에 점을 찍고, 점과 + 표시의 중앙을 통과하는 직선을 그리면 햄스터 로봇이 회전한 각도를 측정할 수 있습니다.

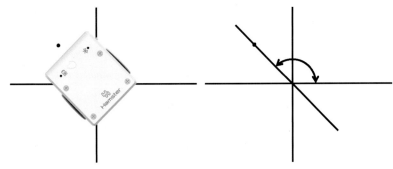

▲ 회전각도 측정하기

앞에서 햄스터 로봇이 이동한 거리를 측정한 것과 같이 햄스터 로봇이 회전한 각도를 3번 측정하여 다음 표에 기록해 봅시다.

측정 횟수	1회	2회	3회
회전한 각도	도	도	도

햄스터 로봇이 회전한 각도는 측정할 때마다 조금씩 달라질 수 있는데, 평균적으로 얼마나 회전하는지 알아보기 위해 앞에서 측정한 각도를 모두 더한 후 3으로 나누어 봅시다.

회전한 각도의 합	도
합을 3으로 나눈 값	도

햄스터 로봇이 1초 동안 회전한 각도를 알았으니, 이제 햄스터 로봇이 얼마나 빨리 회전하는지 알아봅시다. 회전한 각도를 회전한 시간으로 나눈 값을 각속력 또는 회전속력이라고 합니다. 햄스터 로봇이 회전한 시간은 1초이기 때문에 앞에서 계산한 평균 회전각도(합을 3으로 나눈 값)를 1로 나누면 햄스터 로봇의 회전속력을 계산할 수 있습니다. 각도(도)를 시간(초)으로 나누었기 때문에 회전속력의 측정 단위는 '도/초'입니다.

햄스터 로봇의 회전속력을 좀 더 다양하게 계산해 보기 위해 회전하는 시간을 다르게 하면서 회전한 각도를 측정해 봅시다. 회전하는 시간을 변경하기 위해서는 turn_left 메소드의 sec에 다른 숫자를 입력하면 됩니다. 회전하는 시간을 다르게 변경하여 회전한 각도를 측정한 후 회전한 각도를 회전한 시간으로 나누어 회전속력을 계산해 봅시다.

회전시간	1초	2초	3초
회전각도	도	도	도
회전속력	도/초	도/초	도/초

햄스터 로봇의 회전속력은 측정할 때마다 조금씩 달라질 수 있는데, 평균적인 회전속력이 얼마나 되

는지 알아보기 위해 앞에서 계산한 회전속력을 모두 더한 후 3으로 나누어 봅시다.

회전속력의 합	도/초
합을 3으로 나눈 값	도/초

이번에는 반대로 일정 각도를 회전하기 위해 몇 초 동안 회전해야 하는지 알아봅시다. 회전해야 하는 시간을 알아내기 위해 turn_left 메소드의 sec에 숫자를 바로 입력하는 것은 별로 좋은 방법이 아닙니다. 앞에서 측정한 회전속력을 이용하여 90도 회전하기 위해 필요한 시간을 계산해 봅시다.

$$회전속력(도/초) = \frac{회전\,각도(도)}{회전\,시간(초)}$$

이기 때문에 회전해야 하는 시간은 다음과 같이 나타낼 수 있습니다.

$$회전\,시간(초) = \frac{회전\,각도(도)}{회전속력(도/초)}$$

햄스터 로봇이 90도 회전하려면 몇 초 동안 회전해야 할까요? 계산한 회전 시간을 turn_left 메소드의 sec에 입력하고 실행해 봅시다. A4 용지의 재질이나 햄스터 로봇의 배터리 상태에 따라 회전하는 각도는 조금 달라질 수 있기 때문에 앞에서 계산한 값을 입력하여 실제 회전한 각도를 관찰한 후 숫자를 약간씩 변경하면 90도 회전하도록 할 수 있습니다. 같은 방법으로 60도, 120도 등 다양한 각도를 회전하려면 몇 초 동안 회전해야 하는지 계산하고, 프로그램을 수정하여 실행해 봅시다.

회전 각도	60도	90도	120도
회전 시간	초	초	초

Activity ★★★

turn_right 메소드를 사용하여 같은 방법으로 햄스터 로봇을 움직여 봅시다. 마찬가지로 평균 회전 각도와 평균 회전속력을 계산해 보고, 원하는 각도만큼 회전하려면 몇 초 동안 회전해야 하는지 계산한 후 프로그램을 수정하여 실행해 봅시다.

Activity ★★★ 장애물 피해 이동하기

다음 그림과 같이 A4 용지 위에 사각형과 원을 그립니다. 햄스터 로봇이 장애물(사각형)을 피해 오른쪽 원 안으로 들어가야 합니다. 이동해야 하는 경로를 3개의 직선으로 표시하고, 이동 시간과 회전 시간을 계산한 후 명령을 순서대로 수행하여 목표 지점으로 이동할 수 있도록 해봅시다.

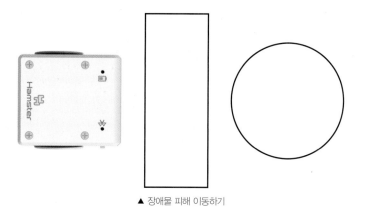

▲ 장애물 피해 이동하기

Activity ★★★ 〈 정사각형 그리기

햄스터 로봇이 정사각형 모양으로 한 바퀴 돌려면 어떻게 해야 할까요? 한 바퀴 마지막에는 출발할 때와 같은 방향을 바라보아야 합니다. 정사각형의 한 변의 길이를 5cm로 하여 이동 시간과 회전 시간을 계산한 후 반복문을 사용하여 프로그램을 작성해 봅시다.

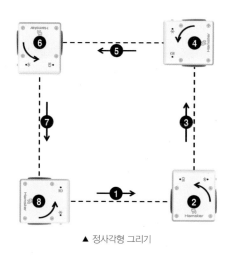

▲ 정사각형 그리기

Tip

프로그램을 실행해 보면 햄스터 로봇이 정확한 정사각형 모양으로 이동할 수도 있고, 예상했던 것과는 다르게 약간 찌그러진 정사각형 모양으로 이동할 수도 있습니다. 바닥의 재질에 따라서는 완전히 이상한 모양으로 이동할 수도 있습니다. 이 프로그램은 우리가 눈을 감고 정사각형 모양으로 걸어가는 것과 같습니다. 센서 정보를 사용하지 않았기 때문입니다. 햄스터 로봇에게 센서는 사람의 눈과 같습니다. 로봇의 센서는 똑바로 가지 못하는 로봇을 잘 조종하여 사람처럼 가게 할 수 있습니다. 햄스터 로봇의 센서를 사용하는 방법은 앞으로 차근차근 배우게 될 것입니다.

햄스터 로봇이 정삼각형 모양으로 움직이려면 어떻게 해야 할지 생각해 봅시다. 정삼각형의 한 변의 길이를 5cm로 하여 이동 시간과 회전 시간을 계산한 후 반복문을 사용하여 프로그램을 작성해 봅시다.

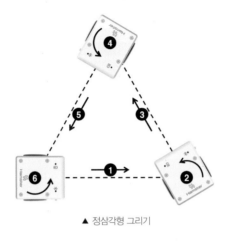

▲ 정삼각형 그리기

햄스터 로봇이 직사각형 모양으로 움직이려면 어떻게 해야 할지 생각해 봅시다. 세로 방향의 이동 거리는 5cm, 가로 방향의 이동 거리는 10cm입니다. 이동 시간과 회전 시간을 계산한 후 반복문을 사용하여 프로그램을 작성해 봅시다.

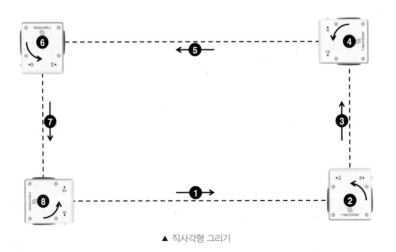

▲ 직사각형 그리기

06 · 햄스터 룰렛

햄스터 로봇을 위한 여러 가지 먹이를 룰렛에 적고, 먹고 싶은 것을 가리키도록 해 봅시다. 앞에서 배운 제자리에서 돌기를 응용하면 됩니다. 다만 회전하다가 멈추는 방향이 일정하지 않도록 회전할 시간을 무작위로 입력해야 합니다. 무작위 값을 얻기 위해 파이썬의 random 함수를 사용해 봅시다.

• random() : 0 이상, 1 미만의 실수 값을 반환합니다.

1 이상, 10 미만의 무작위 값을 얻기 위해서는 다음과 같이 random() 함수로 얻은 값에 9를 곱한 후 1을 더하면 됩니다.

```
import random
print(random.random() * 9 + 1)
```

A4 용지에 원을 그리고 직선을 그려 구역을 나눕니다. 각 구역마다 햄스터가 좋아하는 해바라기 씨, 과일, 삶은 달걀, 멸치, 치즈 등을 적은 다음 햄스터 로봇을 원의 중심에 맞추어 올려놓습니다. 햄스터 로봇이 어떤 먹이를 선택할지 프로그램을 실행하여 알아봅시다.

〈4-3-11.py〉

```
import random
from roboid import *

hamster = Hamster()
hamster.turn_left(random.random() * 9 + 1)
```

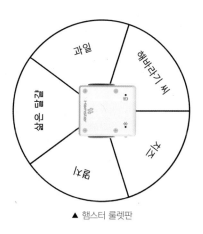

▲ 햄스터 룰렛판

햄스터 로봇의 회전속도를 빠르게 또는 느리게 제어해 봅시다. turn_left 메소드 또는 turn_right 메소드에 속도 값을 더 입력하면 회전속도를 변경할 수 있습니다. 속도 값은 -100부터 100까지의 값을 가지고 최대 속도에 대한 %값입니다. 음수 값을 입력하면 반대 방향으로 회전합니다.

- turn_left(sec, velocity) : sec초 동안 제자리에서 왼쪽으로 velocity 속도로 회전합니다.
- turn_right(sec, velocity) : sec초 동안 제자리에서 오른쪽으로 velocity 속도로 회전합니다.

〈4-3-12.py〉

```python
import random
from roboid import *

hamster = Hamster()
hamster.turn_left(random.random() * 9 + 1, random.random() * 90 + 10)
```

08 · 근접 센서 사용하기

햄스터 로봇은 앞에 손 또는 물체가 있는지 어떻게 알 수 있을까요? 다음 그림과 같이 햄스터 로봇의 앞면에는 근접 센서(적외선 센서)가 있어서 앞에 물체가 있다는 것을 알 수 있습니다. 앞면 양쪽에 있는 적외선 LED가 번갈아 적외선을 방출합니다. 햄스터 로봇 앞에 물체가 있는 경우 적외선이 물체에 반사되고, 반사된 적외선을 아래쪽 동그란 구멍에 있는 센서가 측정합니다. 물체가 가까이에 있으면 반사되는 적외선이 많아서 측정되는 센서의 값이 커지고, 물체가 멀리 있으면 반사되는 적외선이 적어서 측정되는 센서의 값이 작아집니다. 물체가 앞에 없으면 반사되는 적외선이 없기 때문에 센서의 값은 0이 됩니다.

▲ 햄스터 로봇의 근접 센서

장애물과의 거리에 따라 근접 센서의 값이 어떻게 달라지는지 관찰해 봅시다. 근접 센서의 값을 얻기 위해서는 다음의 메소드를 사용해야 합니다.

- left_proximity() : 왼쪽 근접 센서 값을 반환합니다.
- right_proximity() : 오른쪽 근접 센서 값을 반환합니다.

다음의 프로그램에서 while 문이 너무 과도하게 빨리 반복을 수행하면 PC와 햄스터 로봇이 통신하는 일에 영향을 줄 수 있습니다. 따라서 빠르게 무언가를 반복하는 경우에는 wait 함수를 사용하여 일정 시간 동안 쉬어야 합니다.

- wait(milliseconds) : milliseconds 시간(1000분의 1초 단위) 동안 기다립니다.

〈4-3-13.py〉

```
from roboid import *

hamster = Hamster()
while True:
    print(hamster.left_proximity(), hamster.right_proximity())
    wait(20)
```

햄스터 로봇의 앞을 손으로 막고 손을 앞뒤로 움직여 로봇과의 거리를 다르게 하면서 왼쪽 근접 센서와 오른쪽 근접 센서의 값이 어떻게 달라지는지 관찰해 봅시다. 손을 너무 가까이 가져가면 센서 값이 측정되지 않을 수도 있습니다. 하얀색 종이로 하였을 때, 다양한 색상의 물체로 하였을 때 어떤 변화가 생기는지도 관찰해 봅시다. 같은 거리에서 장애물의 색이 밝을수록 근접 센서의 값이 더 커진다는 것을 알 수 있는데, 밝은 색일수록 반사되는 적외선 양이 많아지기 때문입니다. 센서의 값들을 관찰하고 분석하는 것은 매우 중요하기 때문에 앞으로 새로운 센서를 사용할 때마다 반드시 이와 같은 방법으로 관찰하도록 합시다.

Tip 앞에서 작성한 프로그램은 while 문의 조건식이 항상 True이기 때문에 프로그램이 종료되지 않고 계속 실행됩니다. 이러한 경우에는 파이썬 쉘의 [Shell] 〉 [Restart Shell] 메뉴를 선택하거나 윈도우를 닫아서 실행을 종료할 수 있습니다. 컨트롤(Ctrl) 키와 C 키를 동시에 눌러 종료할 수도 있습니다.

■ 벽이 나타날 때까지 앞으로 이동하기

햄스터 로봇이 펭귄 친구를 만나러 얼음 나라에 갔습니다. 얼음 나라는 길이 얼음으로 되어 있어서 너무 미끄럽습니다. 길 위에서는 방향을 바꿀 수 없으며, 벽이 나타날 때까지 계속 앞으로 미끄러져 이동하다가 벽을 잡고 방향을 바꾸어야 합니다. 다음 그림에서 햄스터 로봇이 펭귄 앞까지 이동하려면 어떻게 움직여야 할지 생각해 봅시다. 도착 지점으로 이동한 후에는 펭귄 친구와 얘기할 수 있도록 햄스터 로봇이 펭귄 방향을 바라보아야 합니다.

CHAPTER 04 피지컬 컴퓨팅

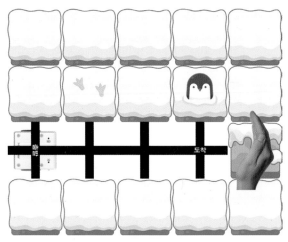
▲ 얼음 나라

일단 벽이 나타날 때까지 앞으로 이동해야 합니다. 실제 벽을 만들어 올려놓아도 되지만 간단하게 하기 위해서는 그림과 같이 손을 벽으로 생각하고 방향을 맞추어 올려놓습니다.

이제 햄스터 로봇이 앞에 있는 벽을 찾도록 해 봅시다. 햄스터 로봇이 손을 바라보도록 방향을 맞추어 도착 지점에 올려놓습니다. 앞에서 근접 센서의 값을 출력하도록 작성한 프로그램을 실행하여 왼쪽 근접 센서와 오른쪽 근접 센서의 값을 측정합니다. 여러 번 측정하여 평균값을 구하도록 합시다. 센서 값이 좀 더 잘 측정되도록 하기 위해서는 손바닥을 약간 둥근 모양으로 하는 것이 좋습니다.

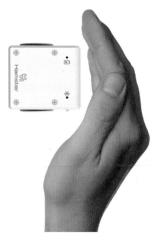
▲ 햄스터 로봇의 앞을 손으로 막기

측정된 센서 값을 앞에 벽이 있는지 판단하는 기준 값으로 사용합니다. 예시에서는 40으로 하였는데 이 값은 주변 환경에 따라 달라질 수 있으므로 반드시 센서 값을 측정해야 합니다. 햄스터 로봇을 손 가까이 가져가면 센서 값이 기준 값보다 커지고 멀리 하면 기준 값보다 작아지는 것도 관찰해 봅시다. 벽이 나타날 때까지 앞으로 이동하기 위해서는 센서 값이 기준 값보다 작은 동안, 즉 앞에 벽이 없는 동안 말판 위에서 한 칸 앞으로 이동하기를 반복하면 됩니다. 도착 지점으로 이동한 후에는 펭귄 방향을 바라보기 위해 왼쪽으로 90도 회전합니다.

〈4-3-14.py〉

```
from roboid import *

hamster = Hamster()
while hamster.left_proximity() < 40 and hamster.right_proximity() < 40:
  hamster.board_forward()
hamster.board_left()
```

■ 방향 변경

이번에는 길이 좀 더 복잡합니다. 마찬가지로 벽이 나타날 때까지 계속 앞으로 미끄러져 이동하다가 벽을 잡고 방향을 바꿔야 합니다. 다음 그림에서 햄스터 로봇이 펭귄 앞까지 이동하려면 어떻게 움직여야 할지 생각해 봅시다.

▲ 방향 변경

앞에 벽이 없는 동안 말판 위에서 한 칸 앞으로 이동하기를 반복합니다. 첫 번째 벽 앞까지 이동한 후에는 왼쪽으로 90도 회전합니다. 다시 앞에 벽이 없는 동안 말판 위에서 한 칸 앞으로 이동하기를 반복합니다. 도착 지점으로 이동한 후에는 펭귄 방향을 바라보기 위해 왼쪽으로 90도 회전합니다.

〈4-3-15.py〉

```
from roboid import *

hamster = Hamster()
while hamster.left_proximity() < 40 and hamster.right_proximity() < 40:
    hamster.board_forward()
hamster.board_left()
while hamster.left_proximity() < 40 and hamster.right_proximity() < 40:
    hamster.board_forward()
hamster.board_left()
```

앞에서 작성한 프로그램을 자세히 살펴보면 같은 명령들이 두 번 반복되는 것을 발견할 수 있습니다. 반복문을 사용하면 프로그램을 좀 더 간단하게 작성할 수 있습니다.

〈4-3-16.py〉

```
from roboid import *

hamster = Hamster()
for i in range(2):
    while hamster.left_proximity() < 40 and hamster.right_proximity() < 40:
        hamster.board_forward()
    hamster.board_left()
```

Activity ★★★

이제 다른 펭귄 친구도 만나봅시다. 마찬가지로 벽이 나타날 때까지 계속 앞으로 미끄러져 이동하다가 벽을 잡고 방향을 바꿔야 합니다. 도착 지점으로 이동한 후에는 펭귄 친구와 얘기할 수 있도록 햄스터 로봇이 펭귄 방향을 바라보아야 합니다.

▶ 첫 번째 펭귄

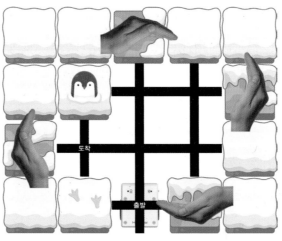

▲ 첫 번째 얼음 미로

▶ 두 번째 펭귄

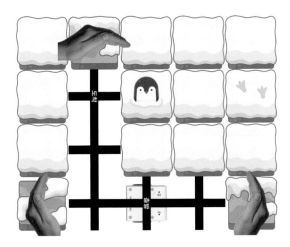

▲ 두 번째 얼음 미로

08 ◆ 안전한 햄스터 자동차

자율 주행 자동차 또는 무인 자동차는 운전자 없이 스스로 목적지까지 이동하는 자동차를 말합니다. 안전하게 이동하기 위해서는 자동차 앞에 있는 사람이나 사물을 감지하여 충돌하지 않도록 해야 합니다. 우리가 길을 건널 때 손을 들면 햄스터 로봇이 알아채고 정지할 수 있도록 프로그래밍해 봅시다.

■ 손을 가져가면 정지

앞에 벽이 없는 동안 반복하기 프로그램을 수정하여 햄스터 로봇이 손을 찾을 때까지 앞으로 1초 이동하기를 반복하게 해봅시다. 손을 찾은 후에는 햄스터 로봇을 정지해야 하는데 다음의 메소드를 사용하면 됩니다.

• stop() : 양쪽 바퀴를 정지합니다.

〈4-3-17.py〉

```
from roboid import *

hamster = Hamster()
while hamster.left_proximity() < 40 and hamster.right_proximity() < 40:
    hamster.move_forward(1)
hamster.stop()
```

프로그램을 작성하고 실행한 후 앞으로 달려가는 햄스터 로봇의 앞에 손을 가져가 봅시다. 햄스터 로봇의 앞면에 있는 근접 센서는 물체를 감지하는 사람의 눈과 같습니다. 책을 지나치게 눈 가까이 가져가면 글자를 읽을 수 없듯이 햄스터 로봇 앞에 손을 너무 가까이(1cm 이하) 가져가면 햄스터 로봇도 손을 발견할 수 없습니다. 다음 그림과 같이 1cm 이상 떨어진 위치에 손을 가져가 봅시다.

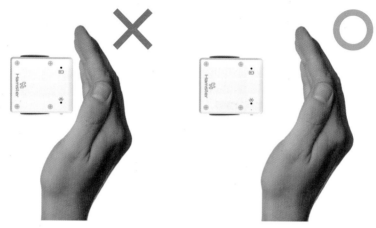

▲ 햄스터 로봇의 앞을 손으로 막기

햄스터 로봇이 생각한 대로 동작을 하나요? 앞으로 1초 이동하기 명령으로 이동하면 문제점을 발견하기 어려울 수 있으니, 앞으로 10초 이동하기로 수정하여 실행해 봅시다. 여러 번 실험하면서 어떤 부분이 이상한지 친구와 토론해 봅시다.

〈4-3-18.py〉

```
from roboid import *

hamster = Hamster()
while hamster.left_proximity() < 40 and hamster.right_proximity() < 40:
  hamster.move_forward(10)
hamster.stop()
```

hamster.move_forward(10)이 실행되고 있는 동안에는 while 문의 조건식을 검사하지 않습니다. 즉, 앞으로 10초 이동하고 있는 동안에는 근접 센서의 값을 측정하여 앞에 손이 있는지 확인할 수 없고, 10초가 지난 후 한 번씩 확인하게 됩니다. 따라서 빠르게 자주 확인하기 위해서는 while 문 내에 오랜 시간 동안 수행되는 명령이 있으면 안 됩니다.

앞에서 따라 해본 햄스터 로봇이 말판 위에서 이동한 것과 무엇이 다른지 알아볼까요? 말판 위에서 이동할 때는 앞에 벽이 있는지 확인한 후 앞으로 한 칸 이동합니다. 앞으로 한 칸 이동하고 있는 동안에는 갑자기 벽이 나타나지 않기 때문에 벽이 있는지 계속 확인할 필요가 없었습니다. 하지만 이번 경우는 좀 다릅니다. 햄스터 로봇이 앞으로 이동하는 동안에도 언제든지 손을 앞에 가져갈 수 있기 때문입니다. 따라서 앞으로 이동하면서도 앞에 손이 있는지 계속 확인해야 합니다.

다음 그림은 앞에서 작성한 프로그램의 실행 과정을 표현한 것입니다. 앞에 물체가 있는지 확인하고, 물체가 없으면 친구에게 앞으로 10초 동안 이동하라고 얘기합니다. 물론 친구가 외로우니까 10초 동안 같이 기다려 줍니다. 10초 후 다시 앞에 물체가 있는지 확인하고, 이 과정을 앞에 물체가 있을 때까지 반복합니다. 이 과정은 햄스터 로봇이 10초 이동하고 있는 동안에는 눈을 감고 있다가 10초에 한 번씩 눈을 뜨고 앞에 물체가 있는지 확인하는 것과 같습니다.

▲ 10초마다 한 번씩 확인하기

아래 그림은 앞에 물체가 있는지 빠르게 자주 확인하는 방법입니다. 앞서 설명한 바와 같이 앞에 물체가 있는지 확인하고, 물체가 없으면 친구에게 얘기합니다. 하지만 이번에는 친구를 기다려주지 않고, 앞에 물체가 있는지 다시 확인합니다. 빠르게 자주 확인하기 때문에 앞에 있는 물체를 놓치지 않습니다.

▲ 빠르게 자주 확인하기

햄스터 로봇을 앞으로 가게 만들려면 다음의 메소드를 사용하면 됩니다.

- wheels(left_velocity, right_velocity) : 왼쪽 바퀴의 속도를 left_velocity, 오른쪽 바퀴의 속도를 right_velocity로 설정합니다.

wheels 메소드는 현재 바퀴의 속도를 설정만 하는 것이기 때문에 시간이 걸리지 않습니다.

각 바퀴의 속도(left_velocity, right_velocity)는 최대 속도를 기준으로 한 % 값입니다. 즉, 100을 입력하면 최대 속도로 움직이고, 50을 입력하면 최대 속도의 절반으로 움직입니다. 양수 값을 입력하면 아래의 왼쪽 그림과 같이 바퀴가 앞쪽으로 회전하여 햄스터 로봇이 앞으로 움직이고, 음수 값을 입력하면 오른쪽 그림과 같이 바퀴가 뒤쪽으로 회전하여 햄스터 로봇이 뒤로 움직입니다. 0을 입력하면 바퀴가 회전하지 않습니다.

▲ 바퀴 회전과 이동 방향

다음 그림처럼 손을 잡은 두 사람이 각각 왼쪽 바퀴와 오른쪽 바퀴의 역할을 한다고 생각합시다.

오른쪽 바퀴   왼쪽 바퀴

왼쪽 바퀴와 오른쪽 바퀴의 속도를 같은 양수 값으로 설정하면 각 바퀴에 해당하는 사람이 같은 속도로 앞을 향해 걸어가는 것과 같습니다. 따라서 두 사람이 한 조가 되어 앞으로 움직이게 됩니다. 왼쪽 바퀴와 오른쪽 바퀴의 속도를 같은 음수 값으로 설정하면 각 바퀴에 해당하는 사람이 같은 속도로 뒤로 걷는 것과 같습니다. 이번에는 두 사람이 한 조가 되어 뒤로 움직이게 됩니다. 왼쪽 바퀴와 오른쪽 바퀴의 속도를 모두 0으로 설정하면 각 바퀴에 해당하는 사람이 모두 움직이지 않고 정지합니다. 이를 정리하면 다음과 같습니다.

hamster.wheels(30, 30)	햄스터 로봇이 30%의 속도로 앞으로 이동합니다.
hamser.wheels(−30, −30)	햄스터 로봇이 30%의 속도로 뒤로 이동합니다.
hamster.wheels(0, 0)	햄스터 로봇이 정지합니다.

이제 앞으로 달려가는 햄스터 로봇 앞에 손을 가져가면 햄스터 로봇이 정지하는 프로그램을 작성해 봅시다.

〈4-3-19.py〉

```
from roboid import *

hamster = Hamster()
while hamster.left_proximity() < 40 and hamster.right_proximity() < 40:
    hamster.wheels(30, 30)
    wait(20) # 너무 빨리 반복하지 않도록 한다.
hamster.stop()
```

Activity ★★★

이번에는 햄스터 로봇이 후진을 합니다. 햄스터 로봇은 뒤에 뭐가 있는지 알 수 없으니 손을 들어 알려주어야 합니다. 앞에서 한 것과 마찬가지로 wheels 메소드를 사용하여 햄스터 로봇이 후진하게 만들고, 햄스터 로봇의 앞에 손을 가져가면 정지하도록 프로그램을 작성해 봅시다.

■ 다시 출발

햄스터 로봇이 계속 정지한 채로 있으면 곤란하니까 일정 시간이 지나면 다시 앞으로 이동하도록 명령을 내려봅시다. 무엇이 필요할까요? 일단 정지한 후 일정 시간동안 기다리는 명령이 필요합니다. 센서 값을 관찰할 때 사용했던 wait 함수를 사용하도록 합시다.

• wait(milliseconds) : milliseconds 시간(1000분의 1초 단위) 동안 기다립니다.

앞으로 달려가는 햄스터 로봇의 앞에 손을 가져가면 정지하는 프로그램을 수정해 봅시다. 햄스터 로봇이 정지하고 2초를 기다린 다음 다시 앞으로 이동해야 합니다.

〈4-3-20.py〉

```
from roboid import *

hamster = Hamster()
while hamster.left_proximity() < 40 and hamster.right_proximity() < 40:
    hamster.wheels(30, 30)
    wait(20) # 너무 빨리 반복하지 않도록 한다.
hamster.stop()
wait(2000)
hamster.wheels(30, 30)
```

프로그램을 실행하면 햄스터 로봇이 앞으로 달려갑니다. 햄스터 로봇 앞에 손을 가져가면 햄스터 로봇이 정지합니다. 손으로 계속 막고 있으면 햄스터 로봇이 앞으로 갈 수 없으니 정지한 후 2초가 지나기 전에 손을 치워야 합니다. 햄스터 로봇이 다시 앞으로 달려갑니다. 멈추지 않고 계속 달립니다.

Activity ★★★

이번에는 햄스터 로봇이 후진을 합니다. 앞에서 한 것과 마찬가지로 wheels 메소드를 사용하여 햄스터 로봇을 후진시킵니다. 햄스터 로봇의 앞에 손을 가져가면 정지하고, 2초 후에 다시 후진하도록 프로그램을 작성해 봅시다.

■ 손을 가져갈 때마다 정지해요.

햄스터 로봇이 한 번만 정지하니까 아직 안전하다고는 할 수 없습니다. 더 안전한 자동차가 되려면 손을 가져갈 때마다 정지해야 합니다. 어떻게 하면 될까요? 햄스터 로봇이 정지했다가 출발할 때 앞에 손이 있는지 다시 확인하면 됩니다. 그러기 위해서는 앞에서 작성한 프로그램을 계속 반복하면 됩니다.

〈4-3-21.py〉

```
from roboid import *

hamster = Hamster()
while True:
    while hamster.left_proximity() < 40 and hamster.right_proximity() < 40:
        hamster.wheels(30, 30)
        wait(20) # 너무 빨리 반복하지 않도록 한다.
    hamster.stop()
    wait(2000)
    hamster.wheels(30, 30)
```

Activity ★★★

바로 앞의 프로그램에서 명령문 한 줄을 없애도 똑같은 동작을 합니다. 어떤 명령문을 없애도 되는지 생각하고, 프로그램을 수정하여 확인해 봅시다. 프로그램이 문제없이 잘 동작하면 왜 그렇게 해도 되는지 친구에게 설명해 봅시다.

Activity ★★★

앞에서 한 것과 마찬가지로 wheels 메소드를 사용하여 햄스터 로봇이 후진하게 만들어 봅시다. 햄스터 로봇의 앞에 손을 가져가면 정지하고, 2초 후에 다시 후진하는 것을 계속 반복하도록 프로그램을 작성합니다.

09 · 바닥 센서 사용하기

■ 정지선 지키기

햄스터 로봇의 바닥 센서는 종이 위에 그려진 선이나 책상의 가장자리 등을 검출할 때 사용합니다. 바닥 센서는 근접 센서와 마찬가지로 적외선을 방출하는 IR-LED와 적외선을 감지하는 광 트랜지스터로 이루어져 있습니다. 다른 점은 IR-LED와 광 트랜지스터가 한 쌍으로 이루어져 왼쪽 바닥 센서와 오른쪽 바닥 센서, 각각 별도로 구성되어 있다는 것입니다. IR-LED가 방출하는 적외선이 바닥에 반사되어 들어오는 광량을 광 트랜지스터가 측정합니다. 바닥 센서가 밝은 색의 종이 또는 물체 위에 있으면 반사된 광량이 많아서 측정되는 값이 증가하고, 어두운 색 위에 있으면 반사된 광량이 적어서 측정되는 값이 감소합니다. 햄스터 로봇이 공중에 떠 있으면, 즉 바닥 센서 아래에 아무 것도 없으면 반사된 빛이 없어 0의 값을 가집니다. 바닥 센서가 출력하는 값의 범위는 0 ~ 255 이지만 바닥에서 가장 밝은 색(흰색에 가까운 색 중에서 가장 밝은 색)을 100으로 자동 보정하기 때문에 코드 작성 시 사용하는 값의 범위는 0 ~ 100입니다.

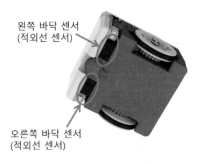

왼쪽 바닥 센서
(적외선 센서)

오른쪽 바닥 센서
(적외선 센서)

▲ 햄스터 로봇의 바닥 센서

A4 용지를 준비하고 검은색 절연 테이프 또는 펜으로 정지선을 표시합시다. 미리 제작된 파일을 프린터로 인쇄해도 됩니다. 이때 바닥 센서가 정지선을 놓치지 않고 감지할 수 있도록 정지선의 폭은 1cm 이상으로 합시다.

Tip 검은색 펜은 수성이 아니라 유성이어야 합니다. 흑백 프린터로 인쇄할 때는 그냥 인쇄하면 되지만 컬러 프린터로 인쇄하는 경우에는 반드시 K 성분이 포함되도록 인쇄해야 합니다.

▲ 정지선

코드를 작성하기 전에 우선 바닥의 색상에 따라 바닥 센서의 값이 어떻게 달라지는지 관찰해 봅시다. 바닥 센서의 값을 얻기 위해서는 다음의 메소드를 사용해야 합니다.

- left_floor() : 왼쪽 바닥 센서 값을 반환합니다.
- right_floor() : 오른쪽 바닥 센서 값을 반환합니다.

바닥 센서가 A4 용지의 하얀색 위에 있을 때와 검은색 위에 있을 때 센서 값이 어떻게 다른지 확인해 봅시다. 바닥 센서가 하얀색과 검은색의 경계 위에 있을 때, 즉 하얀색과 검은색이 바닥 센서에 반 쯤 걸쳐 있을 때 센서 값이 어떻게 되는지도 관찰해 봅시다.

〈4-3-22.py〉

```
from roboid import *

hamster = Hamster()

while True:
    print(hamster.left_floor(), hamster.right_floor())
    wait(20) # 너무 빨리 반복하지 않도록 한다.
```

바닥 센서가 검은색 위에 있을 때의 센서 값을 정지선을 만났는지 판단하는 기준 값으로 사용합니다. 예제 코드에서는 20으로 하였지만, 이 값은 실험 환경에 따라 달라질 수 있으므로 반드시 센서 값을 측정해야 합니다. 이제 햄스터 로봇이 앞으로 이동하다가 정지선을 만나면 정지하도록 해봅시다. 정지선을 만날 때까지 앞으로 이동하기 위해서는 센서 값이 기준 값보다 큰 동안, 즉 하얀색 종이 위에 있는 동안 앞으로 이동하면 됩니다.

〈4-3-23.py〉

```
from roboid import *

hamster = Hamster()

while hamster.left_floor() > 20 and hamster.right_floor() > 20:
    hamster.wheels(30) # 앞으로 이동한다.
    wait(20) # 너무 빨리 반복하지 않도록 한다.

hamster.stop() # 정지한다.
```

Activity ★★★

숫자 20을 변경하여 햄스터 로봇이 정지하는 지점을 조정해 봅시다.

■ 일정 간격의 검은색 선 개수 세기

A4 용지를 준비하고 검은색 절연 테이프 또는 펜으로 검은색 선을 여러 개 표시합시다. 미리 제작된 파일을 프린터로 인쇄해도 됩니다. 이때 바닥 센서가 검은색 선을 놓치지 않고 감지할 수 있도록 검은색 선의 폭은 1cm 이상으로 합시다. 검은색 선간의 거리는 햄스터 로봇이 1초 동안 앞으로 이동하는 거리보다 멀어야 합니다.

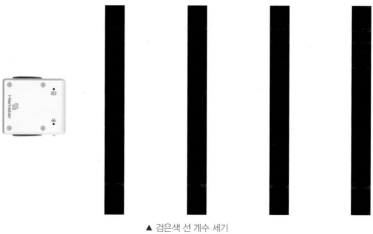

▲ 검은색 선 개수 세기

검은색 선을 감지하는 것은 앞에서 한 것과 같은 방법으로 하면 됩니다. 검은색 선을 지나가는 것은 여러 가지 방법이 있는데, 우선 쉽게 하기 위해 일정 시간 동안 앞으로 이동하는 방법으로 검은색 선을 지나가게 합시다.

〈4-3-24.py〉

```
from roboid import *

hamster = Hamster()

hamster.wheels(30, 30) # 앞으로 이동한다.

count = 0
while True:
    if hamster.left_floor() < 20 or hamster.right_floor() < 20: # 검은색 선 위에 있으면
        # 개수를 하나 증가시키고 화면에 출력한다.
        count += 1
        print('count:', count)

        hamster.wheels(30, 30) # 1초 동안 앞으로 이동한다.
        wait(1000)

    wait(20) # 너무 빨리 반복하지 않도록 한다.
```

Activity ★★★

검은색 선의 개수를 세다가 네 번째 검은색 선을 만나면 정지하도록 해봅시다.

■ 임의 간격 및 굵기의 검은색 선 개수 세기

검은색 선 간의 거리를 짧게 하면 햄스터 로봇이 1초 동안 앞으로 이동할 때 검은색 선을 하나 이상 지나갈 수 있습니다. 검은색 선을 굵게 하면 하나의 선을 여러 번 셀 수도 있습니다. 앞에서 작성한 코드를 다음의 실습판에서 실행하여 선의 개수를 잘 세는지 관찰해 봅시다.

▲ 다른 굵기의 선 개수 세기

이번에는 하얀색과 검은색의 경계를 감지해 봅시다. 하얀색에서 검은색으로 바뀔 때 개수를 세면 됩니다.

〈4-3-25.py〉

```python
from roboid import *

hamster = Hamster()

hamster.wheels(30, 30) # 앞으로 이동한다.

count = 0
white = False
while True:
    if hamster.left_floor() > 70 and hamster.right_floor() > 70:
        white = True # 하얀색 종이 위에 있다.
    elif white and (hamster.left_floor() < 20 or hamster.right_floor() < 20):
# 하얀색에서 검은색으로 바뀌면
        white = False
        # 개수를 하나 증가시키고 화면에 출력한다.
        count += 1
        print('count:', count)

    wait(20) # 너무 빨리 반복하지 않도록 한다.
```

■ 바코드 읽기

검은색 선 위에 있는 동안 시간을 측정하여 선의 두께를 알아봅시다. 굵은 선과 가는 선, 두 가지로 구분하여 바코드를 인식해 봅시다.

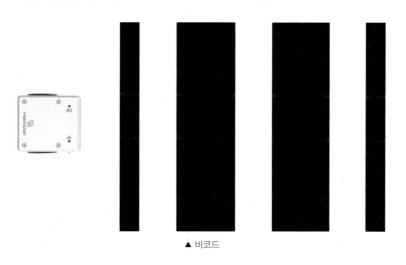

▲ 바코드

```python
from roboid import *

hamster = Hamster()

hamster.wheels(30, 30) # 앞으로 이동한다.

tick = 0
code = ''
while True:
    if hamster.left_floor() > 70 and hamster.right_floor() > 70: # 하얀색 종이 위에 있으면
        if tick > 0:
            if tick > 40: # 선이 굵다.
                code += '-'
            else: # 선이 가늘다.
                code += '.'
            # 바코드 확인
            print(code)
            if code == '.--.':
                print('peanut')
                code = ''
            elif code == '-..-':
                print('cheese')
                code = ''
        tick = 0
    elif hamster.left_floor() < 20 or hamster.right_floor() < 20: # 검은색 선 위에 있으면
        tick += 1

    wait(20) # 너무 빨리 반복하지 않도록 한다.
```

피지컬 컴퓨팅 심화 프로그래밍

01 • 키보드 이벤트

이제까지 햄스터 로봇을 움직이고 센서를 사용하는 방법을 알아보았습니다. 이번에는 이를 응용하여 키보드로 로봇을 조종하고, 로봇을 마우스처럼 사용할 수 있도록 해봅시다. 재미있는 보드 게임과 선을 따라 이동하는 로봇도 만들어 봅시다.

■ 오리걸음 경주

오리걸음 경주는 뒤뚱뒤뚱 달려가서 누가 먼저 목표 지점에 도착하는지 시합하는 경주입니다. 뒤뚱뒤뚱 달려가는 동작을 만들어야합니다. 왼쪽 바퀴를 중심으로 왼쪽으로 회전하다가 오른쪽 바퀴를 중심으로 오른쪽으로 회전하는 것을 반복하면 뒤뚱뒤뚱 앞으로 달려가게 됩니다.

▲ 오리걸음 경주

방향을 바꾸는 명령은 어떻게 전달하면 좋을까요? 방향을 자주 바꾸어야 하기 때문에 컴퓨터 키보드의 스페이스 키를 눌러 명령해 봅시다. 키보드 이벤트는 Keyboard.read() 메소드를 통해 얻을 수 있습니다.

작성한 코드를 파이썬 IDLE에서 실행하면 파이썬 쉘 또는 편집기 창에서 키보드 이벤트를 가져가 버리기 때문에 코드에서 키보드 이벤트를 얻을 수 없습니다. 명령 창(윈도우) 또는 터미널(OSX, 리눅스)에서 실행해 봅시다.

Tip 명령 창(윈도우) 또는 터미널(OSX, 리눅스)에 아래의 명령을 입력하여 파이썬 파일을 실행할 수 있습니다.

python "파일 이름.py"

〈4-4-1.py〉

```python
from roboid import *

hamster = Hamster()

left = False
while True:
    key = Keyboard.read() # 키보드 이벤트를 얻는다.
    if key == ' ': # 스페이스 키를 눌렀으면
        left = not left # 방향을 반대로 한다.

        if left: # 왼쪽 방향이면
            hamster.wheels(0, 50)
        else: # 오른쪽 방향이면
            hamster.wheels(50, 0)

    wait(20) # 너무 빨리 반복하지 않도록 한다.
```

아래 그림과 같이 출발선을 그리고 목표 지점에도 선을 그립니다. 친구와 함께 오리걸음 경주를 해 보도록 합시다.

▲ 오리걸음 빨리 달리기

경주를 좀 더 재미있게 하려면 다음 그림과 같이 종이컵을 세워 놓고 종이컵을 돌아서 다시 출발선 으로 돌아오는 경주를 하여도 좋습니다.

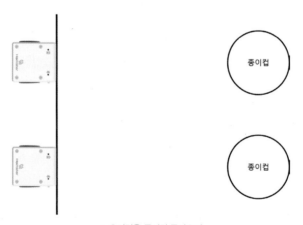

▲ 오리걸음 종이컵 돌아오기

■ 햄스터 조종기

키보드의 방향 키를 사용하여 햄스터 조종기를 만들어 봅시다. 위쪽 방향 키는 앞으로 이동, 아래쪽 방향 키는 뒤로 이동, 왼쪽 방향 키는 왼쪽으로 회전, 오른쪽 방향 키는 오른쪽으로 회전하도록 하고, 스페이스 키를 누르면 정지하도록 합시다.

⟨4-4-2.py⟩

```
from roboid import *

hamster = Hamster()

while True:
    key = Keyboard.read() # 키보드 이벤트를 얻는다.
    if key: # 키보드 이벤트가 있으면
        if key == Keyboard.UP: # 위쪽 방향 키
            hamster.wheels(50) # 앞으로 이동한다.
        elif key == Keyboard.DOWN: # 아래쪽 방향 키
            hamster.wheels(-50) # 뒤로 이동한다.
        elif key == Keyboard.LEFT: # 왼쪽 방향 키
            hamster.wheels(-50, 50) # 왼쪽으로 회전한다.
        elif key == Keyboard.RIGHT: # 오른쪽 방향 키
            hamster.wheels(50, -50) # 오른쪽으로 회전한다.
        elif key == ' ': # 스페이스 키
            hamster.stop() # 정지한다.

    wait(20) # 너무 빨리 반복하지 않도록 한다.
```

■ 햄스터 피아노

키보드의 알파벳 키를 사용하여 피아노를 만들어 봅시다. 키보드의 a, s, d, f, g, h, j, k, l, ;, ' 키를 순서대로 도, 레, 미, 파, 솔, 라, 시, 도, 레, 미, 파 음으로 하고, 스페이스 키를 누르면 소리를 끄도록 합시다. 작은 따옴표(') 키의 경우에는 작은 따옴표로 감쌀 수 없기 때문에 큰 따옴표(")로 감싸서 문자를 표시하였음에 주의해야 합니다.

⟨4-4-3.py⟩

```
from roboid import *

hamster = Hamster()

while True:
    key = Keyboard.read() # 키보드 이벤트를 얻는다.
    if key: # 키보드 이벤트가 있으면
        if key == 'a':
            hamster.note("C4") # 도
        elif key == 's':
            hamster.note("D4") # 레
        elif key == 'd':
            hamster.note("E4") # 미
        elif key == 'f':
```

```
        hamster.note("F4") # 파
    elif key == 'g':
        hamster.note("G4") # 솔
    elif key == 'h':
        hamster.note("A4") # 라
    elif key == 'j':
        hamster.note("B4") # 시
    elif key == 'k':
        hamster.note("C5") # 도
    elif key == 'l':
        hamster.note("D5") # 레
    elif key == ';':
        hamster.note("E5") # 미
    elif key == "'":
        hamster.note("F5") # 파
    elif key == ' ': # 스페이스 키
        hamster.note("OFF") # 소리를 끈다.

    wait(20) # 너무 빨리 반복하지 않도록 한다.
```

작성한 코드에는 두 가지 문제점이 있습니다. 첫 번째는 조건문이 너무 많다는 것이고, 두 번째는 같은 키를 두 번 누르면 음이 연결되어 구분이 안 된다는 것입니다.

첫 번째 문제점을 해결하기 위해선 파이썬의 딕셔너리를 사용합니다. 두 번째 문제는 연주하기 전에 잠깐 쉬어주면 해결할 수 있습니다.

〈4-4-4.py〉

```
from roboid import *

hamster = Hamster()

# 딕셔너리를 만든다.
notes = {
    " ": "OFF", # 소리를 끈다.
    "a": "C4", # 도
    "s": "D4", # 레
    "d": "E4", # 미
    "f": "F4", # 파
    "g": "G4", # 솔
    "h": "A4", # 라
    "j": "B4", # 시
    "k": "C5", # 도
    "l": "D5", # 레
```

```
        ";": "E5", # 미
        "'": "F5" # 파
}

while True:
    key = Keyboard.read() # 키보드 이벤트를 얻는다.
    if key and key in notes: # 키보드 이벤트가 딕셔너리에 있으면
        hamster.note("OFF", 0.05) # 0.05 박자로 잠시 쉰다.
        hamster.note(notes[key]) # 키보드의 키에 해당하는 음을 소리낸다.

    wait(20) # 너무 빨리 반복하지 않도록 한다.
```

이제 도#, 미b 등의 반음을 추가하여 완전한 피아노를 만들어 봅시다. 조건문을 추가하지 않고 딕셔 너리만 수정하면 된다는 것을 알 수 있습니다.

〈4-4-5.py〉

```
from roboid import *

hamster = Hamster()

# 딕셔너리를 만든다.
notes = {
    " ": "OFF", # 소리를 끈다.
    "a": "C4", # 도
    "w": "C#4", # 도# (레b)
    "s": "D4", # 레
    "e": "Eb4", # 미b (레#)
    "d": "E4", # 미
    "f": "F4", # 파
    "t": "F#4", # 파# (솔b)
    "g": "G4", # 솔
    "y": "G#4", # 솔# (라b)
    "h": "A4", # 라
    "u": "Bb4", # 시b (라#)
    "j": "B4", # 시
    "k": "C5", # 도
    "o": "C#5", # 도# (레b)
    "l": "D5", # 레
    "p": "Eb5", # 미b (레#)
    ";": "E5", # 미
    "'": "F5" # 파
}
```

```
while True:
    key = Keyboard.read() # 키보드 이벤트를 얻는다.
    if key and key in notes: # 키보드 이벤트가 딕셔너리에 있으면
        hamster.note("OFF", 0.05) # 0.05 박자로 잠시 쉰다.
        hamster.note(notes[key]) # 키보드의 키에 해당하는 음을 소리낸다.

    wait(20) # 너무 빨리 반복하지 않도록 한다.
```

02 ◆ 그래픽 인터페이스

■ 햄스터 리모컨

햄스터 로봇의 가속도 센서를 사용하여 화면 속 거북이를 움직여 봅시다. 햄스터 로봇의 앞을 위로 들거나 아래로 내리면서 X축 가속도 값을 관찰해 보면 −18000~18000까지 변한다는 것을 알 수 있습니다. 가속도 값을 50으로 나누어 거북이의 위치 값으로 사용해 봅시다.

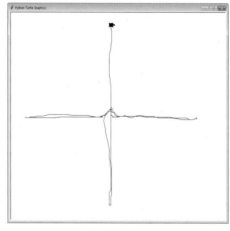

▲ 그래픽 화면

〈4-4-6.py〉

```python
import turtle
from roboid import *

turtle.shape('turtle') # 거북이를 표시한다.

hamster = Hamster()

while True:
    y = -hamster.acceleration_x() / 50 # 햄스터 로봇의 앞을 위로 들면 X축 가속도 값은 음수이다.

    turtle.goto(0, y)

    wait(20) # 너무 빨리 반복하지 않도록 한다.
```

코드를 실행해 보면 햄스터 로봇의 앞을 위로 들거나 아래로 내렸을 때 거북이가 위아래로 잘 움직이기는 하지만 발발 떨면서 움직이는 것을 볼 수 있습니다. 가속도 센서는 굉장히 민감하게 반응하기 때문에 햄스터 로봇을 가만히 두어도 값이 계속 바뀌는 것을 관찰할 수 있습니다. 그렇기 때문에 가속도 센서 값의 변화를 좀 둔감하게 조정할 필요가 있습니다. 햄스터 로봇을 가만히 두었을 때에도 가속도 값이 1500 정도까지 왔다갔다 하는데 50으로 나누면 30이 됩니다. 즉, 거북이가 30 픽셀만큼 움직인다는 뜻입니다. 30 정도의 변화는 무시하도록 합시다. 30으로 나눈 다음 반올림하고 다시 30을 곱하면 됩니다. 파이썬의 round() 함수는 소수점 아래에서 반올림하는 함수입니다.

〈4-4-7.py〉

```python
import turtle
from roboid import *

turtle.shape('turtle')

hamster = Hamster()

while True:
    y = -round(hamster.acceleration_x() / 1500.0) * 30

    turtle.goto(0, y)

    wait(20) # 너무 빨리 반복하지 않도록 한다.
```

가로 방향의 움직임에 대해서도 똑같이 적용해 봅시다.

⟨4-4-8.py⟩

```python
import turtle
from roboid import *

turtle.shape('turtle')

hamster = Hamster()

while True:
    x = -round(hamster.acceleration_y() / 1500.0) * 30
    y = -round(hamster.acceleration_x() / 1500.0) * 30

    turtle.goto(x, y)

    wait(20) # 너무 빨리 반복하지 않도록 한다.
```

코드를 실행해 보면 거북이가 30 픽셀 단위로 움직이기 때문에 움직임이 튀는 것을 볼 수 있습니다. 평균 값을 구하여 움직임을 좀 더 부드럽게 만들어 봅니다. 가속도 센서 값이 정해진 개수만큼 모일 때마다 평균 값을 계산하면 센서 값이 모일 때까지 기다려야 하므로 화면의 거북이가 부드럽게 움직이지 않습니다. 따라서 예전 값은 버리고 새로운 값을 넣어서 매번 평균 값을 구하는 방법을 사용합니다. 이를 이동 평균(Moving Average)이라고 합니다. 이동 평균을 구하는 방법은 여러 가지가 있는데 가장 간단한 방법으로 해보겠습니다. 우선 평균을 구할 값들을 모을 수 있는 장소가 필요합니다. 파이썬의 리스트는 값을 모을 수 있습니다. 가로 방향에 대한 리스트와 세로 방향에 대한 리스트를 만들도록 합시다.

```python
xlist = [] # 가로 방향에 대한 리스트
ylist = [] # 세로 방향에 대한 리스트
```

평균을 구하기 위해서는 먼저 합을 계산해야 합니다. 가로 방향에 대한 합을 xsum, 세로 방향에 대한 합을 ysum이라고 하고 합을 구하는 함수를 만들어 봅시다.
전체 소스 코드를 완성하면 다음과 같습니다.

〈4-4-9.py〉

```python
import turtle
from roboid import *

turtle.shape('turtle')

hamster = Hamster()
xlist = [] # 가로 방향에 대한 리스트
ylist = [] # 세로 방향에 대한 리스트
xsum = 0.0 # 가로 방향에 대한 합
ysum = 0.0 # 세로 방향에 대한 합

def calc_sum(sum, list, value, num):
    list.append(value) # 새로운 값 value를 list의 제일 뒤에 추가한다.
    sum += value # value를 sum에 더한다.
    if len(list) > num: # num 개수만큼 모았으면
        sum -= list.pop(0) # 가장 예전 값(list의 제일 앞, 즉 인덱스 0에 있는 값)을 저장소에서 제거하고 합에서 뺀다.

    return sum
while True:
    x = -round(hamster.acceleration_y() / 1500.0) * 30
    y = -round(hamster.acceleration_x() / 1500.0) * 30

    xsum = calc_sum(xsum, xlist, x, 10) # 가로 방향에 대한 합 (값의 최대 개수는 10개)
    ysum = calc_sum(ysum, ylist, y, 10) # 세로 방향에 대한 합 (값의 최대 개수는 10개)
    x = round(xsum / len(xlist)) # 가로 방향에 대한 평균
    y = round(ysum / len(ylist)) # 새로 방향에 대한 평균

    turtle.goto(x, y)

    wait(20) # 너무 빨리 반복하지 않도록 한다.
```

03 ✦ 보드 게임 만들기

■ 단순한 보드 게임

가장 기본적인 보드 게임을 만들어 봅시다. 다음 그림의 말판에서 각 칸에 도착하면 점수를 더하거
나 뺍니다. 출발 위치의 칸에 도착했을 때는 점수가 없습니다. 햄스터 로봇의 앞에 손을 가져가면 이
동하는 칸 수가 결정됩니다.

▲ 보드 게임 말판

햄스터 로봇의 앞에 손을 가져가면 숫자 하나를 선택하도록 해봅시다. 빠르게 변하는 숫자를 눈으로 보고 선택할 수 있도록 숫자 1은 빨간색 LED, 2는 초록색 LED, 3은 파란색 LED로 표시합시다.

⟨4-4-10.py⟩

```python
from roboid import *

hamster = Hamster()

number = 0

while True:
    # 손을 가져갈 때까지 반복한다.
    while hamster.left_proximity() < 40 and hamster.right_proximity() < 40:
        number = number % 3 + 1 # 1 ~ 3까지 계속 바뀐다.
        if number == 1:
            hamster.leds("RED")
        elif number == 2:
            hamster.leds("GREEN")
        else:
            hamster.leds("BLUE")

        wait(200) # 0.2초마다 값을 바꾼다.
    # 선택된 숫자를 화면에 표시한다.
    print('move', number, 'spaces')

    # 손을 치울 때까지 기다린다.
    while hamster.left_proximity() > 40 or hamster.right_proximity() > 40:
        wait(20)
```

아래 그림과 같이 각 칸을 0부터 9까지의 번호로 표시하였을 때 현재 위치에서 선택된 칸 수만큼 이동해 봅시다. 점수 계산을 추가하여 코드를 완성하도록 합시다.

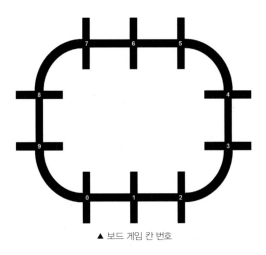

▲ 보드 게임 칸 번호

〈4-4-11.py〉

```python
from roboid import *

hamster = Hamster()

number = 0
position = 0 # 현재 위치
score = 0 # 현재 점수
points = (0, 1, -1, 2, -2, 3, -3, 2, -2, 1) # 위치에 따른 점수

# 한 칸 이동한다.
def move():
  global position

  hamster.board_forward()
  position += 1

  if position > 9:
    position = 0

while True:
  # 손을 가져갈 때까지 반복한다.
  while hamster.left_proximity() < 40 and hamster.right_proximity() < 40:
    number = number % 3 + 1 # 1 ~ 3까지 계속 바뀐다.
    if number == 1:
      hamster.leds("RED")
    elif number == 2:
      hamster.leds("GREEN")
```

```
    else:
        hamster.leds("BLUE")

    wait(200) # 0.2초마다 값을 바꾼다.

# 선택된 숫자를 화면에 표시한다.
print('move', number, 'spaces')

# 손을 치울 때까지 기다린다.
while hamster.left_proximity() > 40 or hamster.right_proximity() > 40:
    wait(20)

# 선택된 숫자만큼 이동한다.
for i in range(number):
    move()
    print('position:', position) # 현재 위치 표시
# 점수를 계산한다.
score += points[position] # 이동한 위치의 점수를 더한다.

print('score:', score, '\n') # 현재 점수 표시
```

■ 모퉁이가 있는 보드 게임

이번에는 아래 그림과 같이 모퉁이에도 칸이 있습니다. 모퉁이는 회전해서 이동해야 합니다. 출발 위치의 칸에 도착했을 때는 1부터 3까지의 무작위 점수가 더해지도록 합시다.

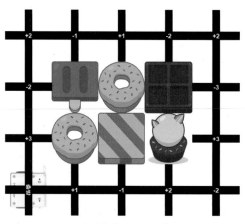

▲ 모퉁이가 있는 보드 게임 말판

다음 그림과 같이 각 칸을 0부터 13까지의 번호로 표시하고 현재 위치에서 선택된 칸 수만큼 이동하도록 해봅시다. 다음의 코드와 같이 move() 함수를 수정하여 모퉁이에서는 회전하도록 해야 합니다.

출발 위치의 칸에 도착했을 때는 무작위의 점수가 더해지도록 하고, 점수를 계산하여 코드를 완성하도록 합시다.

▲ 보드 게임 칸 번호

〈4-4-12.py〉

```python
import random
from roboid import *

hamster = Hamster()

number = 0
position = 0 # 현재 위치
started = False # 출발한 이후인가?
corners = (0, 4, 7, 11) # 모퉁이 위치
score = 0 # 현재 점수
points = (0, 1, -1, 2, -2, 3, -3, 2, -2, 1, -1, 2, -2, 3) # 위치에 따른 점수

# 한 칸 이동한다.
# 위치가 모퉁이인 경우 왼쪽으로 회전한 후 앞으로 한 칸 이동
# 아니면 그냥 앞으로 한 칸 이동
def move():
  global started
  global position

  if started: # 처음 출발할 때는 왼쪽으로 회전하지 않게 한다.
    if position in corners: # 모퉁이에 있으면 왼쪽으로 회전
      hamster.board_left()
  else:
    started = True # 출발하였다.

  hamster.board_forward()
  position += 1
```

```
  if position > 13:
    position = 0

while True:
  # 손을 가져갈 때까지 반복한다.
  while hamster.left_proximity() < 40 and hamster.right_proximity() < 40:
    number = number % 3 + 1 # 1 ~ 3까지 계속 바뀐다.
    if number == 1:
      hamster.leds("RED")
    elif number == 2:
      hamster.leds("GREEN")
    else:
      hamster.leds("BLUE")

    wait(200) # 0.2초마다 값을 바꾼다.

  # 선택된 숫자를 화면에 표시한다.
  print('move', number, 'spaces')

  # 손을 치울 때까지 기다린다.
  while hamster.left_proximity() > 40 or hamster.right_proximity() > 40:
    wait(20)

  # 선택된 숫자만큼 이동한다.
  for i in range(number):
    move()
    print('position:', position) # 현재 위치 표시

  # 점수를 계산한다.
  if position == 0: # 출발 위치에 있으면
    score += random.randint(1, 3) # 1 ~ 3까지의 무작위 점수를 더한다.
  else:
    score += points[position] # 이동한 위치의 점수를 더한다.

  print('score:', score, '\n') # 현재 점수 표시
```

파이썬으로 시작하는 로봇 활용 SW 교육 : 햄스터

04 · 검은색 선을 따라 이동하기

■ 왼쪽 바닥 센서를 사용하여 검은색 선의 오른쪽 테두리 따라가기

A4 용지를 준비하고 햄스터 로봇이 이동할 직선을 검은색 절연 테이프 또는 펜으로 그립니다. 미리 제작된 파일을 프린터로 인쇄해도 됩니다. 따라가는 선의 굵기는 0.8 ~ 1cm로 하는 것이 좋습니다.

 Tip 검은색 펜은 수성이 아니라 유성이어야 합니다. 흑백 프린터로 인쇄할 때는 그냥 인쇄하면 되지만 컬러 프린터로 인쇄하는 경우에는 반드시 K 성분이 포함되도록 인쇄하여야 합니다.

라인 트레이서의 원리는 의외로 간단합니다. 햄스터 로봇의 왼쪽 바닥 센서가 하얀색 종이 위에 있으면 검은색 선의 오른쪽 테두리로 다가가기 위해 왼쪽으로 움직이고, 왼쪽 바닥 센서가 검은색 선 안에 있으면 검은색 선의 오른쪽 테두리로 다가가기 위해 오른쪽으로 움직이면 됩니다.

▲ 왼쪽 바닥 센서와 이동 방향

이를 반복하면 아래 그림과 같이 검은색 선의 오른쪽 테두리를 따라 앞으로 이동할 수 있습니다.

▲ 오른쪽 테두리 따라가기

원리는 간단하지만 실제로 구현하기 위해서는 두 가지가 필요합니다.

1. 왼쪽 바닥 센서가 하얀색 종이 위에 있는지, 검은색 선 위에 있는지 알 수 있어야 합니다.

2. 햄스터 로봇을 왼쪽 또는 오른쪽으로 움직여야 합니다.

햄스터 로봇의 왼쪽 바닥 센서가 하얀색 종이 위에 있는지, 검은색 선 위에 있는지 판단하기 위해서는 왼쪽 바닥 센서 값을 기준 값과 비교하면 됩니다. 왼쪽 바닥 센서가 하얀색 종이 위에 있을 때와 검은색 선 위에 있을 때 측정된 센서 값의 중간 값을 기준 값으로 사용합시다. 예를 들어 하얀색 종이 위에 있을 때 센서 값이 100, 검은색 선 위에 있을 때 센서 값이 0으로 측정되었다면 기준이 되는 숫자는 50으로 하면 됩니다. 왼쪽 바닥 센서가 하얀색 종이 위에 있는 경우를 코드로 작성하면 다음과 같습니다.

```
hamster.left_floor() > 50
```

햄스터 로봇을 왼쪽 또는 오른쪽으로 움직이기 위한 방법은 다양하게 있지만 간단하게 하기 위해 한쪽 바퀴를 축으로 회전하는 방법을 사용해 봅시다. 왼쪽으로 회전하기 위해서는 왼쪽 바퀴를 정지하고 오른쪽 바퀴를 앞으로 움직이면 됩니다.

```
hamster.wheels(0, 30)
```

오른쪽으로 회전하기 위해서는 오른쪽 바퀴를 정지하고 왼쪽 바퀴를 앞으로 움직이면 됩니다.

```
hamster.wheels(30, 0)
```

왼쪽 바닥 센서가 하얀색 종이 위에 있으면, 즉 센서 값이 50보다 크면 왼쪽으로 회전하고, 아니면 오른쪽으로 회전하도록 코드를 작성해 봅시다.

```
if  hamster.left_floor() > 50:
    hamster.wheels(0, 30)
else:
    hamster.wheels(30, 0)
```

이제 이 코드를 계속 반복하면 됩니다.

파이썬으로 시작하는 로봇 활용 SW 교육 : 햄스터

〈4-4-13.py〉

```python
from roboid import *

hamster = Hamster()

while True:
    if hamster.left_floor() > 50:
        hamster.wheels(0, 30)
    else:
        hamster.wheels(30, 0)

    wait(10)  # 너무 빨리 반복하지 않도록 한다.
```

아래 그림과 같이 햄스터 로봇의 왼쪽 바닥 센서를 검은색 선의 오른쪽 테두리에 올려놓고 코드 〈4-4-13.py〉를 실행해 봅시다.

▲ 왼쪽 바닥 센서로 오른쪽 테두리 따라가기

크기를 비교하는 기준이 되는 숫자 50을 변경하면 햄스터 로봇의 동작이 어떻게 달라지는지 관찰해 봅시다.

■ 왼쪽 바닥 센서를 사용하여 검은색 선의 오른쪽 테두리를 따라 곡선 및 90도 주행하기
직선을 따라 주행하는 것은 너무 단순합니다. 곡선을 따라 주행하거나 90도 꺾어진 길도 잘 달려갈 수 있어야 멋진 햄스터 로봇이 될 수 있습니다.
작성한 〈4-4-13.py〉를 그대로 사용하여 곡선을 따라 주행할 수 있는지 실험해 봅시다. 선을 벗어나지 않고 잘 주행할 수 있도록 햄스터 로봇이 왼쪽 또는 오른쪽으로 회전하는 속도를 조정해 봅시다.

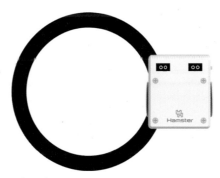

▲ 왼쪽 바닥 센서로 원의 테두리 따라가기

아래 그림과 같이 왼쪽으로 90도 꺾어진 길은 잘 따라갈 수 있을까요? 문제없이 잘 따라간다면 설명을 듣기 전에, 작성한 코드와 햄스터 로봇의 동작을 관찰하면서 그 이유를 추론하고 토의해 봅시다.

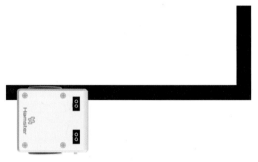

▲ 왼쪽으로 90도 꺾어진 길 따라가기

아래 그림과 같이 검은색 선의 오른쪽 테두리를 따라 주행하다가 왼쪽 바닥 센서가 검은색 선의 바깥으로 나가게 되는데, 왼쪽 바닥 센서가 하얀색 종이 위에 있는 경우가 되기 때문에 왼쪽 바퀴를 축으로 왼쪽으로 회전하게 됩니다. 즉 왼쪽 바닥 센서가 검은색 선을 만나게 될 때까지 왼쪽으로 회전한 후, 다시 검은색 선의 오른쪽 테두리를 따라 주행합니다.

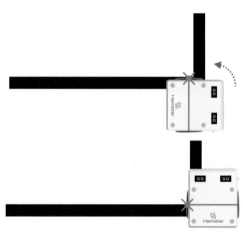

▲ 왼쪽으로 90도 꺾어진 길을 따라가는 과정

오른쪽으로 90도 꺾어진 길에서는 어떻게 될까요? 설명을 듣기 전에 실험을 통해 관찰하면서 햄스터 로봇이 그렇게 동작하는 이유를 추론하고 토의해 봅시다.

▲ 오른쪽으로 90도 꺾어진 길 따라가기

아래 그림과 같이 검은색 선을 따라 주행하다가 오른쪽으로 90도 꺾어진 길을 만나면 왼쪽 바닥 센서는 검은색 선 위에 있기 때문에 오른쪽 바퀴를 축으로 오른쪽으로 회전하게 됩니다. 오른쪽으로 회전하면 왼쪽 바닥 센서가 검은색 선의 바깥으로 나가게 되어 하얀색 종이 위에 있는 경우가 되고, 왼쪽 바닥 센서가 검은색 선을 만나게 될 때까지 왼쪽 바퀴를 축으로 왼쪽으로 회전합니다. 즉 검은색 선의 오른쪽 테두리를 따라 왔던 길을 되돌아가게 됩니다.

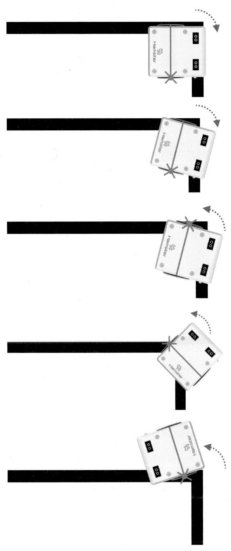

▲ 오른쪽으로 90도 꺾어진 길을 따라가는 과정

오른쪽으로 90도 꺾어진 길에서 오른쪽으로 회전하다가 왼쪽 바닥 센서가 검은색 선을 벗어나지 않도록 선의 굵기를 굵게 해도 되지만 다른 방법을 알아보도록 합시다.

■ 왼쪽 바닥 센서를 사용하여 검은색 선의 왼쪽 테두리 따라가기

이번에는 검은색 선의 왼쪽 테두리를 따라가도록 해봅시다. 원리는 비슷합니다. 햄스터 로봇의 왼쪽 바닥 센서가 하얀색 종이 위에 있으면 검은색 선의 왼쪽 테두리로 다가가기 위해 오른쪽으로 움직이고, 왼쪽 바닥 센서가 검은색 선 안에 있으면 검은색 선의 왼쪽 테두리로 다가가기 위해 왼쪽으로 움직이면 됩니다.

▲ 왼쪽 바닥 센서와 이동 방향

이를 반복하면 다음 그림과 같이 검은색 선의 왼쪽 테두리를 따라 앞으로 이동할 수 있습니다.

▲ 왼쪽 테두리 따라가기

〈4-4-14.py〉

```python
from roboid import *

hamster = Hamster()

while True:
    if hamster.left_floor() > 50:
        hamster.wheels(30, 0)
    else:
        hamster.wheels(0, 30)

    wait(10) # 너무 빨리 반복하지 않도록 한다.
```

다음과 같이 햄스터 로봇의 왼쪽 바닥 센서를 검은색 선의 왼쪽 테두리에 올려놓고 〈4-4-14.py〉를 실행해 봅시다.

▲ 왼쪽 바닥 센서로 왼쪽 테두리 따라가기

■ 왼쪽 바닥 센서를 사용하여 검은색 선의 왼쪽 테두리를 따라 곡선 및 90도 주행하기
작성한 코드 〈4-4-14.py〉를 그대로 사용하여 아래 그림처럼 곡선을 따라 주행할 수 있는지 실험해 봅시다. 선을 벗어나지 않고 잘 주행할 수 있도록 햄스터 로봇이 왼쪽 또는 오른쪽으로 회전하는 속도를 조정하면 됩니다.

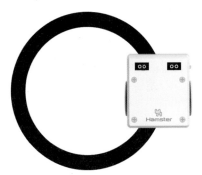

▲ 왼쪽 바닥 센서로 원의 테두리 따라가기

아래 그림과 같이 왼쪽으로 90도 꺾어진 길은 잘 따라갈 수 있을까요? 문제없이 잘 따라간다면 설명을 듣기 전에, 작성한 코드와 햄스터 로봇의 동작을 관찰하면서 그 이유를 추론하고 토의해 봅시다.

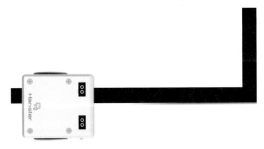

▲ 왼쪽으로 90도 꺾어진 길 따라가기

다음 그림과 같이 검은색 선의 왼쪽 테두리를 따라 주행하다가 왼쪽으로 90도 꺾어진 길을 만나면 왼쪽 바닥 센서는 검은색 선 위에 있기 때문에 왼쪽 바퀴를 축으로 왼쪽으로 회전하게 됩니다. 즉

왼쪽 바닥 센서가 하얀색 종이를 만나게 될 때까지 왼쪽으로 회전한 후, 다시 검은색 선의 왼쪽 테두리를 따라 주행합니다.

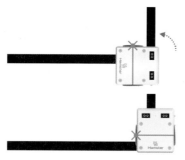

▲ 왼쪽으로 90도 꺾어진 길을 따라가는 과정

그렇다면 오른쪽으로 90도 꺾어진 길에서는 어떻게 될까요? 설명을 듣기 전에 실험을 통해 관찰하면서 햄스터 로봇이 그렇게 동작하는 이유를 추론하고 토의해 봅시다.

▲ 오른쪽으로 90도 꺾어진 길 따라가기

다음과 같이 검은색 선의 왼쪽 테두리를 따라 주행하다가 왼쪽 바닥 센서가 검은색 선의 바깥으로 나가게 되는데, 왼쪽 바닥 센서가 하얀색 종이 위에 있는 경우가 되기 때문에 오른쪽 바퀴를 축으로 오른쪽으로 회전하게 됩니다. 즉 왼쪽 바닥 센서가 검은색 선을 만나게 될 때까지 오른쪽으로 회전한 후, 다시 검은색 선의 왼쪽 테두리를 따라 주행합니다.

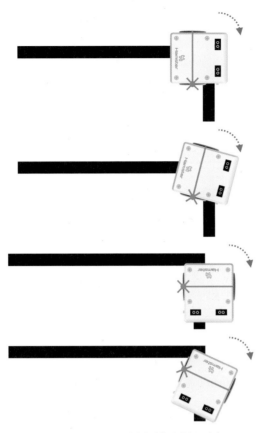

▲ 오른쪽으로 90도 꺾어진 길을 따라가는 과정

앞서 수행한 실험을 통해 왼쪽 바닥 센서를 사용하여 검은색 선의 오른쪽 테두리를 따라가는 경우에는 오른쪽으로 90도 꺾어진 길에서 문제가 발생하지만, 왼쪽 테두리를 따라가는 경우에는 왼쪽이나 오른쪽으로 90도 꺾어진 길 모두 문제가 발생하지 않는다는 것을 알 수 있습니다.

우선 다음 그림과 같이 오른쪽 테두리를 따라가는 경우를 좀 더 자세히 살펴봅시다. 왼쪽 바닥 센서가 하얀색 종이 위에 있으면 왼쪽으로 회전한다는 것을 기억합시다. 왼쪽으로 90도 꺾어진 길에서는 왼쪽 바닥 센서가 하얀색 종이 위에 있으므로 왼쪽으로 회전하는 것과 일치하여 문제가 발생하지 않습니다. 오른쪽으로 90도 꺾어진 길에서는 오른쪽으로 회전해야 하는데 회전의 중심이 오른쪽 바퀴에 있고 왼쪽 바닥 센서와 회전 중심 간의 거리, 즉 회전 반경이 크기 때문에 왼쪽 바닥 센서가 검은색 선을 벗어나게 됩니다. 이 때문에 문제가 발생하게 됩니다.

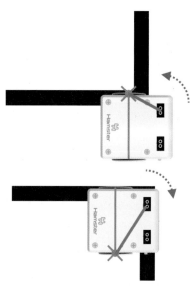

▲ 오른쪽 테두리를 따라 90도 꺾어진 길 따라가기

다음 그림과 같이 왼쪽 테두리를 따라가는 경우에는 왼쪽 바닥 센서가 하얀색 종이 위에 있으면 오른쪽으로 회전한다는 것을 기억합시다. 오른쪽으로 90도 꺾어진 길에서는 왼쪽 바닥 센서가 하얀색 종이 위에 있으므로 오른쪽으로 회전하는 것과 일치하여 문제가 발생하지 않습니다. 왼쪽으로 90도 꺾어진 길에서는 왼쪽으로 회전해야 하는데 회전의 중심이 왼쪽 바퀴에 있고 왼쪽 바닥 센서와 회전 중심 간의 거리, 즉 회전 반경이 작기 때문에 왼쪽 바닥 센서가 검은색 선을 벗어나지 않습니다. 따라서 문제가 발생하지 않습니다.

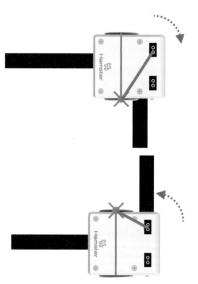

▲ 왼쪽 테두리를 따라 90도 꺾어진 길 따라가기

분석된 결과를 바탕으로 다음과 같이 유추할 수 있습니다.

 1. 왼쪽 바닥 센서를 사용하는 경우에는 검은색 선의 왼쪽 테두리를 따라가는 것이 좋다.

 2. 오른쪽 바닥 센서를 사용하는 경우에는 검은색 선의 오른쪽 테두리를 따라가는 것이 좋다.

Activity ★★★

오른쪽 바닥 센서를 사용하는 경우에도 유추한 결과가 맞는지 앞서 수행한 실험들을 다시 수행하여 확인해 봅시다.

■ 바닥 센서 두 개를 사용한 라인 트레이서

앞에서는 햄스터 로봇의 바닥 센서 한 개를 사용하여 검은색 선을 따라 주행하는 방법을 알아보았습니다. 이번에는 햄스터 로봇의 바닥 센서 두 개를 사용하여 주행하는 방법을 알아보도록 하겠습니다.

원리는 간단합니다. 다음 그림과 같이 앞으로 이동하면서 햄스터 로봇의 왼쪽 바닥 센서가 검은색 선 위에 있으면 중앙으로 가기 위해 왼쪽으로 움직이고, 오른쪽 바닥 센서가 검은색 선 위에 있으면 중앙으로 가기 위해 오른쪽으로 움직이면 됩니다.

▲ 양쪽 바닥 센서와 이동 방향

원리는 간단한데 실제로 구현하기 위해서는 두 가지가 필요합니다.

 1. 왼쪽 바닥 센서 또는 오른쪽 바닥 센서가 검은색 선 위에 있는지 알 수 있어야 합니다.

 2. 햄스터 로봇을 왼쪽 또는 오른쪽으로 움직여야 합니다.

왼쪽 바닥 센서가 검은색 선 위에 있는 경우를 다음과 같이 표현할 수 있습니다.

```
hamster.left_floor() < 50
```

마찬가지로 오른쪽 바닥 센서가 검은색 선 위에 있는 경우를 다음과 같이 표현할 수 있습니다.

```
hamster.right_floor() < 50
```

이제 햄스터 로봇을 왼쪽 또는 오른쪽으로 움직여야 합니다. 기본적으로는 앞으로 이동하고 있기 때문에 제자리에서 회전하는 방법을 사용해 봅시다. 왼쪽으로 회전하기 위해서는 왼쪽 바퀴를 뒤로 움직이고 오른쪽 바퀴를 앞으로 움직이면 됩니다.

```
hamster.wheels(-30, 30)
```

오른쪽으로 회전하기 위해서는 왼쪽 바퀴를 앞으로 움직이고 오른쪽 바퀴를 뒤로 움직이면 됩니다.

```
hamster.wheels(30, -30)
```

둘 다 검은색 선 위에 없는 경우가 있기 때문에 왼쪽 바닥 센서가 검은색 선 위에 있는 경우와 오른쪽 바닥 센서가 검은색 선 위에 있는 경우를 모두 검사해 주어야 합니다. 앞으로 이동하면서 왼쪽 바닥 센서가 검은색 선 위에 있으면, 즉 왼쪽 바닥 센서의 값이 50보다 작으면 왼쪽으로 회전하고, 오른쪽 바닥 센서가 검은색 선 위에 있으면, 즉 오른쪽 바닥 센서의 값이 50보다 작으면 오른쪽으로 회전하도록 코드를 작성해 봅시다.

```
hamster.wheels(30, 30)
if hamster.left_floor() < 50:
    hamster.wheels(-30, 30)
elif hamster.right_floor() < 50:
    hamster.wheels(30, -30)
```

이제 이 코드를 계속 반복하면 됩니다.

⟨4-4-15.py⟩

```
from roboid import *

hamster = Hamster()

while True:
  hamster.wheels(30, 30)
  if hamster.left_floor() < 50:
    hamster.wheels(-30, 30)
  elif hamster.right_floor() < 50:
    hamster.wheels(30, -30)

  wait(10) # 너무 빨리 반복하지 않도록 한다.
```

다음 그림과 같이 햄스터 로봇의 중앙이 검은색 선의 중앙에 있도록 올려놓고 실행해 봅시다.

▲ 양쪽 바닥 센서로 검은색 선 따라가기

크기를 비교하는 기준이 되는 숫자 50을 변경하면 햄스터 로봇의 동작이 어떻게 달라지는지 관찰해 봅시다.

햄스터 로봇이 검은색 선을 따라 비교적 잘 이동하는 것처럼 보입니다. 하지만 다음 그림과 같이 중앙에서 벗어나 출발하는 경우, 약간 비스듬하게 출발하는 경우, 곡선을 주행하는 경우에는 햄스터 로봇의 움직임이 부드럽지 않습니다. 특히 90도 꺾어진 길을 주행할 때는 90도 꺾어진 부분에서 검은색 선을 잘 따라가지 못할 수도 있습니다. 곡선을 따라 주행하거나 90도 꺾어진 길도 잘 달려갈 수 있어야 멋진 햄스터 로봇이 될 수 있습니다.

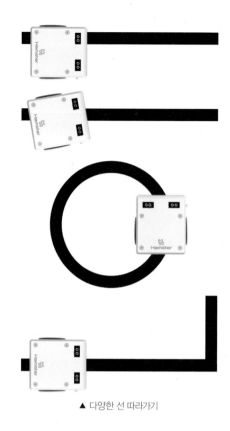

▲ 다양한 선 따라가기

■ 부드럽게 움직이기

다음 그림을 보고 다르게 생각해 봅시다. 기본적으로는 앞으로 이동하면서 햄스터 로봇의 왼쪽 바닥 센서가 검은색 선 위에 있으면 중앙으로 가기 위해 왼쪽으로 움직이고, 오른쪽 바닥 센서가 검은색 선 위에 있으면 중앙으로 가기 위해 오른쪽으로 움직이면 됩니다.

그런데 왜 바닥 센서가 검은색 선 위에 있다는 것을 기준이 되는 숫자와 크기를 비교하여 판단할까요? 바닥 센서의 값이 50보다 작으면 검은색 선 위에 있다고 판단할 필요가 있을까요? 다음 그림을 자세히 살펴보면 햄스터 로봇이 중앙에서 오른쪽에 있는 경우에는 오른쪽 바닥 센서의 값이 왼쪽 바닥 센서의 값보다 커지게 됩니다. 반대로 햄스터 로봇이 중앙에서 왼쪽에 있는 경우에는 왼쪽 바닥 센서의 값이 오른쪽 바닥 센서의 값보다 커지게 됩니다. 즉, 기준이 되는 숫자를 사용하지 않고 왼쪽 바닥 센서 값과 오른쪽 바닥 센서 값의 크기를 비교하면 됩니다.

▲ 양쪽 바닥 센서와 이동 방향

왼쪽 바닥 센서 값과 오른쪽 바닥 센서 값의 차이를 diff라고 합시다.

```
diff = hamster.left_floor() - hamster.right_floor()
```

햄스터 로봇이 중앙에서 오른쪽에 있는 경우를 다음과 같이 표현할 수 있습니다.

```
diff < 0
```

마찬가지로 햄스터 로봇이 중앙에서 왼쪽에 있는 경우를 다음과 같이 표현할 수 있습니다.

```
diff > 0
```

이제 바퀴의 속도에 대해 생각해 봅시다. 이전의 방법에서 햄스터 로봇의 움직임이 부드럽지 않은 이유는 30에서 −30으로, −30에서 30으로 바퀴의 속도가 급격하게 바뀌기 때문입니다. 마치 자동차를 운전할 때 운전대를 좌우로 급하게 돌리거나 급가속 또는 급정지하는 것과 같습니다. 중앙의 검은색 선을 약간 벗어났을 때는 조금만 움직여도 되지 않을까요?

검은색 선을 따라 주행하는 원리는 같습니다. 다른 점은 왼쪽 바닥 센서와 오른쪽 바닥 센서의 값에 따라 왼쪽 바퀴와 오른쪽 바퀴의 속도를 변경한다는 것입니다. 규칙을 한번 생각해 봅시다.

1. 햄스터 로봇이 중앙에서 오른쪽으로 많이 벗어나면 왼쪽으로 빠르게 움직입니다.
2. 햄스터 로봇이 중앙에서 오른쪽으로 조금 벗어나면 왼쪽으로 천천히 움직입니다.
3. 햄스터 로봇이 중앙에서 왼쪽으로 많이 벗어나면 오른쪽으로 빠르게 움직입니다.
4. 햄스터 로봇이 중앙에서 왼쪽으로 조금 벗어나면 오른쪽으로 천천히 움직입니다.

이를 diff 값에 대해 정리하면 다음과 같습니다.

- diff 값이 음수이고 절댓값이 크면, 오른쪽으로 많이 벗어난 것이므로 왼쪽으로 빠르게 움직입니다.
- diff 값이 음수이고 절댓값이 작으면, 오른쪽으로 조금 벗어난 것이므로 왼쪽으로 천천히 움직입니다.
- diff 값이 양수이고 절댓값이 크면, 왼쪽으로 많이 벗어난 것이므로 오른쪽으로 빠르게 움직입니다.
- diff 값이 양수이고 절댓값이 작으면, 왼쪽으로 조금 벗어난 것이므로 오른쪽으로 천천히 움직입니다.

왼쪽 바퀴와 오른쪽 바퀴의 관점에서 정리하면 다음과 같습니다.

- diff 값이 음수이면(중앙에서 오른쪽으로 벗어났으면) 왼쪽 바퀴가 뒤로 움직이고(햄스터 로봇이 왼쪽으로 회전하고) 양수이면(중앙에서 왼쪽으로 벗어났으면) 왼쪽 바퀴가 앞으로 움직입니다 (햄스터 로봇이 오른쪽으로 회전합니다).
- diff 값이 음수이면(중앙에서 오른쪽으로 벗어났으면) 오른쪽 바퀴가 앞으로 움직이고(햄스터 로봇이 왼쪽으로 회전하고) 음수이면(중앙에서 왼쪽으로 벗어났으면) 오른쪽 바퀴가 뒤로 움직입니다(햄스터 로봇이 오른쪽으로 회전합니다).
- 왼쪽 바퀴와 오른쪽 바퀴는 diff의 절댓값이 클수록(중앙에서 많이 벗어날수록) 빠르게 움직입니다.

이를 수식으로 표현하면 다음과 같습니다.

- (왼쪽 바퀴의 속도) = diff
- (오른쪽 바퀴의 속도) = −diff

햄스터 로봇이 앞으로 이동하는 것은 우리가 자동차를 운전할 때 가속 페달을 밟는 것과 같고, diff 값에 따라 왼쪽, 오른쪽으로 회전하는 것은 자동차의 운전대를 돌리는 것과 같습니다. 이 두 가지를 결합하면 왼쪽 바퀴의 속도와 오른쪽 바퀴의 속도는 다음과 같이 됩니다.

- (왼쪽 바퀴의 속도) = (가속 페달 값) + diff
- (오른쪽 바퀴의 속도) = (가속 페달 값) − diff

여기서 고민이 한 가지 있습니다. 가속 페달과 운전대, 두 가지를 어느 정도 비율로 결합해야 할까요? 가속 페달 값은 30으로 유지한다고 했을 때 운전대를 얼마나 빨리 돌려야 할까요? 햄스터 로봇이 길에서 조금 벗어났다고 해서 운전대를 너무 빨리 돌리면 좌우로 왔다갔다 불안정하게 움직일 것 같습니다. 그렇다고 운전대를 너무 천천히 돌리면 90도 꺾어진 길에서 빠르게 회전하지 못할 것 같습니다. 적절한 값이 필요한데 우선 0.4로 해보도록 하겠습니다.

- (왼쪽 바퀴의 속도) = (가속 페달 값) + diff x 0.4
- (오른쪽 바퀴의 속도) = (가속 페달 값) − diff x 0.4

코드로 작성하면 〈4-4-16.py〉와 같이 됩니다.

〈4-4-16.py〉

```
from roboid import *

hamster = Hamster()

while True:
    diff = hamster.left_floor() - hamster.right_floor()
    hamster.wheels(30 + diff * 0.4, 30 - diff * 0.4)

    wait(10) # 너무 빨리 반복하지 않도록 한다.
```

90도 꺾어진 길을 잘 따라가는지 실험을 통해 확인해 보도록 합시다. 곱하는 숫자 0.4는 앞으로 달려가는 속도 대비 상대적인 회전 속도를 결정하는 숫자입니다. 즉, 가속 페달을 고정시킨(속도를 30으로 고정시킨) 상태에서 0.4를 더 크게 하면 운전대를 더 빨리 돌리는 것이므로 회전력이 커지게됩니다. 반대로 0.4를 더 작게 하면 운전대를 더 천천히 돌리는 것이므로 직진성이 더 커지게 됩니다. 따라서 90도 꺾어진 부분에서 회전을 잘 하지 못하면 0.4의 값을 조금 더 크게 하고, 직선을 주행할 때 좌우로 왔다 갔다 하면 0.4의 값을 조금 더 작게 하면 됩니다. 곱하는 숫자 0.4를 변경하면서 햄스터 로봇의 움직임이 어떻게 달라지는지 살펴보도록 합시다.

프로젝트 기획 및 구축

여러분이 상상한 창의적인 생각을 기획하고, 제안서를 만들고,
프로젝트화해서 이를 설계하고, 구현하고, 보고서로 만드는
전체 과정을 경험해 보는 것을 목표로 합니다.
지금까지 배운 다양한 파이썬 프로그래밍 기술과 피지컬 컴퓨팅 경험을
활용하여 우리의 생각을 프로젝트로 기획하고 구현해 봅시다.

프로젝트 기획 및 구축

이번 장에서는 프로젝트 시작부터 끝까지 경험해 보는 것을 목표로 합니다. 지금까지 배운 다양한 프로그래밍 기술과 피지컬 컴퓨팅 경험을 활용하여 우리만의 프로젝트를 기획하고 구현해 봅시다.

프로젝트 기획

01 · 팀 구성

팀 구성은 프로젝트의 시작입니다. 프로젝트는 협업을 통해 진행되기 때문에 팀 구성원 간의 원활한 의사소통이 일의 성패를 좌우합니다. 프로젝트를 진행하기 위해서는 아이디어 회의, 문서 작업, 실질적 구현 등 다양한 작업이 요구되므로 개개인의 특성을 고려하여 일을 적절하게 분담하는 것이 중요합니다. 팀 인원 구성은 프로젝트 규모에 따라 다르지만, 실습 프로젝트에서는 4~6명 정도로 구성하는 것을 권장합니다.

02 · 아이디어 회의를 통한 프로젝트 기획

프로젝트는 문제를 인지하고, 그 문제를 해결하기 위한 모든 과정을 포함합니다. 따라서 프로젝트 기획은 해결해야 할 문제를 정확히 규정하는 것, 즉 프로젝트의 목적을 결정하는 일입니다. 그렇다면 문제 인식(목적)은 어떻게 할까요? 일반적으로 기업 프로젝트는 영리를 추구하기 때문에 소비자의 요구를 적극 수용하는 것, 트렌드를 분석하여 문제를 규정하는 것 또는 생산성 향상 등을 목표로 합니다. 연구기관의 프로젝트는 각 분야의 새로운 기술 개발을 목적으로 진행됩니다. 그리고 일상생활 속에서 불편했던 부분을 개선하는 일이나 여러 사람에게 유익이 되는 일 등 우리의 삶 속에서 발생하는 크고 작은 모든 문제를 해결하는 것도 프로젝트의 목표가 될 수 있습니다.

아이디어 회의는 해결해야 할 문제를 끌어내고 프로젝트의 목적을 명확히 하는데 매우 중요한 과정입니다. 아이디어 회의를 할 때에는 문제에 대해 최대한 다양한 각도에서 이야기하고, 팀 구성원뿐만 아니라 더 많은 사람들이 공감할 수 있는 문제를 도출할 수 있어야 합니다. 이를 위해 팀 구성원들은 창의적이고 다양한 내용들이 충분히 논의될 수 있도록 상대방의 이야기를 존중하고 끝까지 경청하는 자세를 갖는 것이 중요합니다.

03 · 실전 프로젝트

■ 팀 구성

■ 아이디어 회의

프로젝트는 아래와 같은 기준으로 평가 될 수 있습니다.

- 기획력 : 아이디어 평가(독창적인가? 실생활에 적용 가능한가? 흥미가 생기는 부분인가?)
- 구현 정도 : 파이썬 또는 햄스터의 활용 정도, 알고리즘(절차) 난이도
- 팀원 간 상호평가 : 각 조원의 프로젝트 기여도에 따른 상호평가

01 · 제안서

팀 구성과 아이디어 회의를 통해 해결해야 할 문제가 정확히 인식되었다면, 이를 토대로 문서를 작성해야 합니다. 이 문서는 향후 프로젝트의 방향을 제시하고, 논란이 발생했을 때 이를 해결할 수 있는 열쇠가 되기 때문에 최대한 명확하게 작성되어야 합니다. 이 문서를 '프로젝트 제안서'라고 하며, 기획 배경, 필요성, 요구사항, 목표, 내용, 팀 구성원의 역할 분담 및 기대 효과 등 프로젝트의 전반적인 내용을 포함합니다.

02 · 실전 프로젝트

02-1 게임 프로젝트

아래 예시는 '컴퓨터와 가위바위보 게임하기' 프로젝트를 기반으로 한 제안서입니다. 각자의 프로젝트 제안서를 작성할 때 참조하기 바랍니다.

❶ 프로젝트 기획 배경
- 간단한 게임을 만들고 싶다.
- 화면에 가위, 바위, 보 그림과 함께 화면 및 효과음을 통해 재미를 더하고 싶다.

❷ 프로젝트의 중요성
- 파이썬 언어를 통해 간단한 게임을 구현한다.
- 파이썬 언어를 통해 애니메이션 및 소리 재생 방법 등 멀티미디어 처리 기술을 익힌다.

❸ 요구사항
- 적당한 애니메이션 및 효과음을 통해 게임의 흥미를 높여주어야 한다.
- 컴퓨터와 사용자가 동시에 가위, 바위 보를 선택해야 한다(화면으로 보어줌).
- 반칙을 행할 경우(일정 시간 이상으로 늦게 선택) 게임에서 진다.
- 게임 사용자에게 게임 하기 쉬운 인터페이스 제공해야 한다.
- 개발 비용이 xxxx원을 넘으면 안 된다.

❹ 프로젝트 목표 및 내용
- (목표)컴퓨터의 게임의 원리를 이해하고, 개발 역량을 키운다.
- (목표)게임의 흥미 요소를 정리해서 이를 게임 구현에 적용한다.
- (목표)쉽고 흥미 있는 인터페이스 개발 : 애니메이션, 효과음, 대결 모드, 점수 적립 등

– (내용)컴퓨터와 사용자가 동시에 가위, 바위, 보 중 하나를 선택하고, 만약 사용자가 반칙(늦게 선택)을 행할 시에는 게임에서 지게 한다.

❺ 팀 구성원 역할 분담

– 지 : 인터페이스 개발

– 덕 : 심판 및 승부

– 체 : 점수 적립 및 승부 토너먼트 설계 및 구현

❻ 기대 효과

– 게임의 원리를 이해한다.

– 간단한 게임에서도 다양한 게임 기획을 생각할 수 있다.

02-2 피지컬 컴퓨팅 프로젝트

아래 예시는 '로봇 청소기 만들기' 프로젝트를 기반으로 한 제안서입니다. 각자의 프로젝트 제안서를 작성할 때 참조하기 바랍니다.

❶ 프로젝트 기획 배경

– 실생활에 도움을 줄 수 있는 로봇을 만들고 싶다.

– 청소 구역을 벗어나지 않고 벽에 부딪치지 않도록 피하면서 이동하고 싶다.

❷ 프로젝트의 중요성

– 파이썬 언어를 통해 로봇을 제어한다.

– 다양한 센서를 활용하여 상황을 감지하고 자율적인 판단으로 동작하는 로봇을 만든다.

❸ 요구사항

– 검은색 선으로 청소 구역을 표시하고 로봇이 바깥으로 나가지 않도록 해야 한다.

– 로봇이 벽을 감지하면 벽에 부딪치지 않도록 회전하여 피해야 한다.

– 적당한 소리와 불빛으로 로봇이 동작하고 있음을 표시해주어야 한다.

– 로봇이 청소 구역 전체를 돌아다닐 수 있도록 이동 경로를 잘 정해주어야 한다.

❹ 프로젝트 목표 및 내용

– (목표)피지컬 컴퓨팅의 원리를 이해하고, 실생활 문제를 해결한다.

– (목표)로봇이 보다 지능적으로 동작할 수 있도록 알고리즘을 설계하고 구현한다.

– (내용)센서를 활용한 상황 감지 : 청소구역 경계 및 벽 감지 등

– (내용)지능적 알고리즘 구현 : 경계 및 벽 회피, 이동 경로 설정 등

❺ 팀 구성원 역할 분담

- 지 : 청소 환경 제작

- 덕 : 센서를 활용한 감지 및 회피 동작 구현

- 체 : 지능적인 이동을 위한 알고리즘 설계 및 구현

❻ 기대 효과

- 피지컬 컴퓨팅의 원리를 이해한다.

- 현실세계와 상호작용하는 다양한 피지컬 컴퓨팅을 구현하여 실생활 문제를 해결할 수 있다.

프로젝트 설계 및 구현

01 ✦ 설계 및 구현

프로젝트 설계는 제안서의 내용을 충족할 수 있도록 프로그램을 어떻게 구성할 것인가를 생각하는 단계입니다. 설계 단계에는 사용자에게 최종적으로 보여줄 인터페이스 설계와 프로그램의 절차적 흐름을 표현하는 순서도 등이 포함됩니다. 또한 프로그램에 필요한 다양한 요소들을 정의하고 설명해야 합니다.

구현은 설계한대로 프로그램 개발하는 단계입니다. 이 작업을 '코딩'이라고 부르며, 프로젝트의 규모와 필요성, 그리고 개발자의 수준에 맞는 프로그래밍 언어를 사용해야 합니다.

02 ✦ 실전 프로젝트

02-1 가위바위보 게임

❶ 인터페이스 설계 : 첫 화면 / 가위를 클릭했을 때의 화면

컴퓨터가 사용자 입력과 랜덤값을 비교하고, 결과에 따라 이미지를 그려준다.

〈그림 5-2〉

❷ 순서도

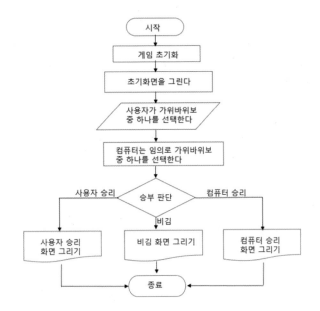

❸ 요소 설명

오브젝트	메뉴	게임, 도움말 서브 메뉴
	가위 버튼	클릭하면 사용자가 가위를 선택한 경우
	바위 버튼	클릭하면 사용자가 바위를 선택한 경우
	보 버튼	클릭하면 사용자가 보를 선택한 경우
	결과 라벨	가위바위보의 결과를 글자로 표시
변수	win	사용자가 이긴 횟수 저장
	lose	사용자가 진 횟수 저장
	draw	비긴 횟수 저장
함수	gawi	사용자가 가위를 선택한 경우 실행되는 함수 컴퓨터가 '가위'인 경우 비긴다 컴퓨터가 '바위'인 경우 진다 컴퓨터가 '보'인 경우 이긴다
	bawi	사용자가 바위를 선택한 경우 실행되는 함수 컴퓨터가 '가위'인 경우 이긴다 컴퓨터가 '바위'인 경우 비긴다 컴퓨터가 '보'인 경우 진다
	bo	사용자가 보를 선택한 경우 실행되는 함수 컴퓨터가 '가위'인 경우 진다 컴퓨터가 '바위'인 경우 이긴다 컴퓨터가 '보'인 경우 비긴다

❹ 구현

초기화 코드(일부)

```
from tkinter import *
import tkinter.messagebox
import random

#전역변수 선언
win=0
lose=0
draw=0

window=Tk()
window.title("가위바위보")
window.geometry("800x300+100+100")
```

함수 코드(일부)

```python
def bo:
  com=random.randint(0,2)
  if com==0:
    l1=Label(window,text="  졌습니다!  ",font=("Gothic",20),fg="red")
    l1.place(x=300,y=150)
    global lose
    lose=lose+1
  elif com==1:
    l1=Label(window,text=" 이겼습니다!  ",font=("Gothic",20),fg="blue")
    l1.place(x=300,y=150)
    global win
    win=win+1
  elif com==2:
    l1=Label(window,text="  비겼습니다!  ",font=("Gothic",20),fg="green")
    l1.place(x=300,y=150)
    global draw
    draw=draw+1
```

그림(이미지), 효과음, 버튼 등에 대한 샘플 소스 코드를 살펴봅시다.

Tip 샘플 코드에 대한 자세한 설명은 앞의 Chapter3을 참조하세요.

■ 버튼

```python
from tkinter import *
btn1 = Button(window, text="  가위   ",command=gawi_pr)
btn1.place(x=100, y=200)
```

■ 그림 그리기

```python
from tkinter import *
img = PhotoImage(file='gawi.png')
widget = Label(image=img)
widget.place(x=100, y=400)
```

■ 음향효과

```python
from playsound import playsound
playsound('gawibawibo.wav')
```

02-2 로봇청소기 만들기

❶ 청소 구역 가장자리 표시

❷ 벽 장애물 설치

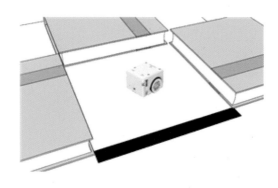

03 ◆ 순서도

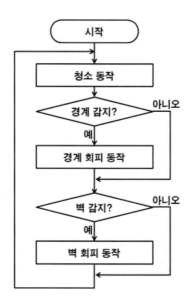

04 · 요소 설명

변수	hamster	햄스터 로봇 객체의 레퍼런스 저장
	tick	LED를 번갈아 켜기 위해 왼쪽, 오른쪽 구분
함수	cleaning	청소하고 있음을 표시한다
	avoid_edge	경계를 회피하기 위한 동작을 수행한다
	avoid_wall	벽을 회피하기 위한 동작을 수행한다

함수 코드 (일부)

```python
# 청소하고 있음을 표시한다.
def cleaning():
  tick += 1
  if tick % 2 == 0:
    hamster.leds("BLUE", "OFF")
  else:
    hamster.leds("OFF", "BLUE")


#경계를 회피한다.
def avoid_edge():
  ...


#벽을 회피한다.
def avoid_wall():
  ...


#로봇의 전체 동작
while True:
  cleaning()
  ...
  wait(20) #너무 빨리 반복하지 않도록 한다.
```

01 · 보고서

보고서는 프로젝트를 마무리하는 단계입니다. 따라서 보고서는 제안서에 있는 내용을 참조해서 작성해야 합니다. 제안서에 작성했던 것보다 약간의 설명을 덧붙이는 것은 상관없지만, 제안서의 내용을 바꿔서 쓸 수는 없습니다. 보고서를 통해 프로젝트가 처음 기획하고 제안했을 때의 의도에 맞게 설계되었는지 살펴보고, 실제로 구현된 프로그램이 요구사항에 맞게 잘 작동하는지 꼼꼼하게 검토해야 합니다.

02 · 실전 프로젝트

[보고서 목차]

1. 프로젝트의 필요성

2. 프로젝트의 중요성

3. 프로젝트 목표 및 내용

　a. 개발 목표

　b. 개발 내용(실제 수행된 내용으로 작성합니다.)

4. 프로그램 흐름도

5. 팀원의 역할 분담(제안서에 있는 내용을 그대로 씁니다. 역할이 바뀐 경우에는 새로 작성합니다.)

6. 프로젝트 수행 결과 및 소감

　a. 프로젝트 수행 결과

　　- 수행 결과 팀원의 판단 하에 실패/성공 여부에 대해 적습니다.

　　- 수행 결과 목표와 대비해서 어떤 것들이 성공했는지 적습니다.

　　- 수행 결과 기대 효과에 대해 어떤 부분을 만족시켰는지 적습니다.

　b. 프로젝트 수행 시 문제점

　　- 프로그램을 만들 때 어떤 어려움이 있었는지 그리고 그 문제를 어떻게 해결했는지 적습니다.

　　- 문제를 해결하지 못했을 때에는 어떤 도움이 있어야 해결할 수 있을지 적습니다.

　　- 프로젝트를 진행하는 데 있어 구성원 간의 문제점이 있었다면 적고 그 문제를 해결했다면 어떻게 해결했는지 적습니다.

　c. 프로젝트의 향후 개선점

　　- 향후 프로젝트의 어떤 부분이 개선되면 좋을지 또는 더 이상 발전시키지 않아도 되는지 적

습니다.

d. 프로젝트 수행 소감

　- 프로젝트를 수행하면서 느낀 소감과 이 수업에서 배운 점 등에 대해 적습니다.

파이썬으로 시작하는
로봇 활용 SW 교육 : 햄스터

1판 1쇄 발행 2020년 3월 6일
1판 2쇄 발행 2023년 7월 31일

저   자 | 황준, 연승욱, 박광현
발 행 인 | 김길수
발 행 처 | 영진닷컴
주   소 | 서울특별시 금천구 가산디지털1로 128 STX-V타워 4층
　　　　　 401호 (주)영진닷컴 기획팀 (우)08507
등   록 | 2007. 4. 27. 제16-4189
ⓒ 2020., 2023. (주)영진닷컴

ISBN | 978-89-314-6187-9

이 책에 실린 내용의 무단 전재 및 무단 복제를 금합니다.

도서문의처 | http://www.youngjin.com

YoungJin.com **Y.**
영진닷컴